DIREITO DO TRABALHO

NO STF

5

LTr

"Exercitar justiça e juízo é mais aceitável ao Senhor do que sacrifício."
*(*Provérbios*, 21-3)*

Aos meus filhos,
CAROLINA e GEORGENOR NETO,
e a ELZA,
minha mulher,
por tudo, sempre...

GEORGENOR DE SOUSA FRANCO FILHO

Juiz Togado do Tribunal Regional do Trabalho da 8ª Região,
Doutor em Direito pela Faculdade de Direito da Universidade de São Paulo,
Professor Titular de Direito Internacional e de Direito do Trabalho
da Universidade da Amazônia,
Vice-Presidente da Academia Nacional de Direito do Trabalho,
Membro da Academia Paraense de Letras,
da Sociedade Brasileira de Direito Internacional
e da International Law Association.

DIREITO DO TRABALHO NO STF

5

EDITORA
LTr®
SÃO PAULO

Dados Internacionais de Catalogação na Publicação (CIP)
(Câmara Brasileira do Livro, SP, Brasil)

Franco Filho, Georgenor de Sousa, 1952-
Direito do trabalho no STF (5) / Georgenor de Sousa Franco Filho. — São Paulo : LTr, 2002.

ISBN 85-361-0276-4

1. Brasil. Supremo Tribunal Federal 2. Direito do trabalho 3. Direito do trabalho — Brasil I. Título.

02-3224 CDU-34:331.347.991(81)

Índices para catálogo sistemático:

1. Brasil : Direito do trabalho : Supremo Tribunal Federal 34:331:347.991(81)

Editoração Eletrônica: **LINOTEC**
Capa: **ELIANA DO CARMO COSTA**
Impressão: **VIDA E CONSCIÊNCIA**

(Cód. 2535.1)

EDITORA LTDA.

Rua Apa, 165 - CEP 01201-904 - Fone (11) 826-2788 - Fax (11) 826-9180
São Paulo, SP - Brasil - www.ltr.com.br

Julho, 2002

PRINCIPAIS OBRAS DO AUTOR:

De autoria exclusiva:

Direito do Mar. Belém, Imprensa Oficial do Estado do Pará, 1974 (esgotado).

A proteção internacional aos direitos humanos. Belém, Imprensa Oficial do Estado do Pará, 1975 (esgotado).

O Pacto Amazônico: idéias e conceitos. Belém, Falângola, 1979 (esgotado).

Imunidade de jurisdição trabalhista dos entes de Direito Internacional Público (Prêmio "Oscar Saraiva" do Tribunal Superior do Trabalho). São Paulo, LTr, 1986.

Na vivência do Direito Internacional. Belém, Cejup, 1987.

Na Academia: imortal por destino. Mosaico cultural (em colaboração). Belém, Falângola, 1987.

Guia prático do trabalho doméstico. Belém, Cejup, 1989.

A arbitragem e os conflitos coletivos de trabalho no Brasil. São Paulo, LTr, 1990 (esgotado).

Liberdade sindical e direito de greve no direito comparado (lineamentos). São Paulo, LTr, 1992.

Relações de trabalho na Pan-Amazônia: a circulação de trabalhadores (Tese de Doutorado na Faculdade de Direito da Universidade de São Paulo). São Paulo, LTr, 1996.

A nova lei de arbitragem e as relações de trabalho. São Paulo, LTr, 1997.

Globalização & desemprego: mudanças nas relações de trabalho. São Paulo, LTr, 1998.

Direito do Trabalho no STF (1). São Paulo, LTr, 1998.

Competência Internacional da Justiça do Trabalho. São Paulo, LTr, 1998.

O servidor público e a reforma administrativa. São Paulo, LTr, 1998.

Direito do Trabalho no STF (2). São Paulo, LTr, 1999.

Tratados internacionais. São Paulo, LTr, 1999.

Direito do Trabalho no STF (3). São Paulo, LTr, 2000.

Globalização do trabalho: rua sem saída. São Paulo, LTr, 2001.

Direito do Trabalho no STF (4). São Paulo, LTr, 2001.

Obras coordenadas:

Direito do trabalho e a nova ordem constitucional. São Paulo, LTr, 1991.

Curso de direito coletivo do trabalho (Estudos em homenagem ao Ministro Orlando Teixeira da Costa). São Paulo, LTr, 1998.

Presente e futuro das relações de trabalho (Estudos em homenagem ao Prof. Roberto Araújo de Oliveira Santos). São Paulo, LTr, 2000.

Em co-autoria:

Estudos de direito do trabalho (*homenagem ao Prof. Júlio Assumpção Malhadas*) (Coordenação: Profª. Anna Maria de Toledo Coelho). Curitiba, Juruá, 1992.

Processo do trabalho (homenagem ao Prof. José Augusto Rodrigues Pinto) (Coordenação: Dr. Rodolfo Pamplona Filho). São Paulo, LTr, 1997.

Estudos de direito do trabalho e processo do trabalho (homenagem ao Prof. J. L. Ferreira Prunes) (Coordenação: Drs. Juraci Galvão Júnior e Gelson de Azevedo). São Paulo, LTr, 1998.

Manual de direito do trabalho (*homenagem ao Prof. Cássio Mesquita Barros Júnior*) (Coordenação: Dr. Bento Herculano Duarte Neto). São Paulo, LTr, 1998.

Direito internacional no Terceiro Milênio (*homenagem ao Prof. Vicente Marotta Rangel*) (Coordenação: Profs. Luiz Olavo Baptista e J. R. Franco da Fonseca). São Paulo, LTr, 1998.

Direito do Trabalho (*homenagem ao Prof. Luiz de Pinho Pedreira da Silva*) (Coordenação: Drs. Lélia Guimarães Carvalho Ribeiro e Rodolfo Pamplona Filho). São Paulo, LTr, 1998.

Estudos de Direito (*homenagem ao Prof. Washington Luiz da Trindade*) (Coordenação: Drs. Antônio Carlos de Oliveira e Rodolfo Pamplona Filho). São Paulo, LTr, 1998.

Direito sindical brasileiro (*homenagem ao Prof. Arion Sayão Romita*) (Coordenação: Dr. Ney Prado). São Paulo, LTr, 1998.

Ordem econômica e social (homenagem ao Prof. Ary Brandão de Oliveira. (Coordenação: Dr. Fernando Facury Scaff). São Paulo, LTr, 1999.

Fundamentos do direito do trabalho (homenagem ao Ministro Milton de Moura França). (Coordenação: Drs. Francisco Alberto da Motta Peixoto Giordani, Melchíades Rodrigues Martins e Tárcio José Vidotti). São Paulo, LTr, 2000.

Temas relevantes de direito material e processual do trabalho (homenagem ao Prof. Pedro Paulo Teixeira Manus) (Coordenação: Drs. Carla Teresa Martins Romar e Otávio Augusto Reis de Sousa). São Paulo, LTr, 2000.

Os novos paradigmas do Direito do Trabalho (homenagem ao Prof. Valentin Carrion). (Coordenação: Drª Rita Maria Silvestre e Prof. Amauri Mascaro Nascimento). São Paulo, Saraiva, 2001.

O direito do trabalho na sociedade contemporânea (Coordenação: Dras. Yone Frediani e Jane Granzoto Torres da Silva). São Paulo, Jurídica Brasileira, 2001.

Estudos de direito constitucional (homenagem ao Prof. Paulo Bonavides) (Coordenação: Dr. José Ronald Cavalcante Soares). São Paulo, LTr, 2001.

SUMÁRIO

INTRODUÇÃO

Este é o volume 5 da coletânea *Direito do Trabalho no STF*. Iniciada em 1998, visando proporcionar a facilitação do acesso às principais decisões da Suprema Corte brasileira em matéria trabalhista, a série alcança mais um volume, reunindo, como de praxe, o que de mais interessante tem sido decidido pelo Excelso Pretório.

Ampliei, neste volume, as partes em que se dividia. Inclui, agora, além de *Direitos Individuais*, *Direitos Coletivos*, *Direito Processual e Serviço Público*, uma parte específica sobre *Previdência Social*, afora *outros temas* de interesse geral. Com isso, o leque de temas abrangidos cresce à medida em que aumenta de importância a jurisprudência, sobretudo a emanada do Supremo Tribunal Federal, no caminho maior da Justiça que é o da manutenção da paz nas relações entre os seres humanos.

Fiz inserir, neste n. 5, o índice dos cinco volumes, a fim de facilitar a busca dos precedentes e de possibilitar o acompanhamento da evolução do entendimento que o STF tem acerca dos temas abordados. Da mesma forma, objetivando facilitar a pesquisa, inclui um índice de todas as decisões transcritas, inclusive as oriundas do C. Tribunal Superior do Trabalho.

Mais uma vez, desejo expressar meu agradecimento ao ilustre amigo Dr. Armando Casimiro Costa, que dirige a LTr Editora, pelo honroso convite que me fez para selecionar e comentar as decisões que têm sido apresentadas, e a toda sua valorosa e estimada equipe, na sempre querida e muito amada cidade de São Paulo.

Igualmente, quero manifestar, como já tive reiteradas oportunidades de fazer, meus agradecimentos ao Dr. Lineo Ferreira de Mello, meu eficiente e caprichoso assistente no TRT da 8ª Região, cuja ajuda tem sido inestimável.

Last but not least, minha gratidão e meu carinho a minha família, pela compreensão com minhas inúmeras ausências, minha paciente companheira de mais de duas décadas, Elza, e meus filhos, Carolina e Georgenor Neto. Deus, na sua infinita misericórdia, há de recompensá-los.

Belém, fevereiro de 2002

Georgenor de Sousa Franco Filho

PARTE I

DIREITOS INDIVIDUAIS

1. CONVENÇÃO N. 158 — DENÚNCIA — ADIN — PERDA DE OBJETO

A Convenção n. 158 da Organização Internacional do Trabalho teve, no Brasil, vigência efêmera. Incorporada ao nosso ordenamento jurídico em 1992, foi denunciada e deixou de viger em nosso País a partir de 20 de novembro de 1997.

De fundamental importância para a compreensão do entendimento que o Excelso Pretório tem acerca da hierarquia dos tratados internacionais em nosso Direito positivo, é a decisão da lavra do eminente Ministro Celso de Mello, ao deferir, parcialmente, o pedido de liminar[1].

Julgando o mérito da ADIn 1.480-3-DF, a 26.6.2001, o Min. Celso de Mello expressou a manifestação do STF no sentido da extinção do processo, tendo em conta a denúncia do tratado internacional. O *decisum* tem o seguinte teor:

> *"Trata-se de ação direta de inconstitucionalidade, ajuizada com o objetivo de questionar a validade jurídico-constitucional do Decreto Legislativo n. 68/92, que aprovou a Convenção n. 158 da Organização Internacional do Trabalho (OIT), e do Decreto n. 1.855/96, que promulgou esse mesmo ato de direito internacional público.*
>
> *O Plenário do Supremo Tribunal Federal, ao deferir, parcialmente, sem redução de texto, o pedido de medida cautelar, proferiu decisão que restou consubstanciada em acórdão assim ementado:*
>
> > *'Ação Direta de Inconstitucionalidade — Convenção n. 158/OIT — Proteção do trabalhador contra a*

[1] V., na íntegra, v. 2, pp. 59-63. V., também, v. 1, p. 31.

despedida arbitrária ou sem justa causa — Argüição de ilegitimidade constitucional dos atos que incorporaram essa convenção internacional ao direito positivo interno do Brasil (Decreto Legislativo n. 68/92 e Decreto n. 1.855/96) — Possibilidade de controle abstrato de constitucionalidade de tratados ou convenções internacionais em face da Constituição da República — Alegada transgressão ao art. 7º, I, da Constituição da República e ao art. 10, I do ADCT/88 — Regulamentação Normativa da proteção contra a despedida arbitrária ou sem justa causa, posta sob reserva constitucional de lei complementar — Conseqüente impossibilidade jurídica de tratado ou convenção internacional atuar como sucedâneo da lei complementar exigida pela Constituição (CF, art. 7º, I) — Consagração constitucional da garantia de indenização compensatória como expressão da reação estatal à demissão arbitrária do trabalhador (CF, art. 7º, I, c/c o art. 10, I do ADCT/88) — Conteúdo programático da Convenção n. 158/OIT, cuja aplicabilidade depende da ação normativa do legislador interno de cada país — Possibilidade de adequação das diretrizes constantes da Convenção n. 158/OIT às exigências formais e materiais do estatuto constitucional brasileiro — Pedido de medida cautelar deferido, em parte, mediante interpretação conforme à Constituição.

Procedimento constitucional de incorporação dos tratados ou convenções internacionais.

— É na Constituição da República — e não na controvérsia doutrinária que antagoniza monistas e dualistas — que se deve buscar a solução normativa para a questão da incorporação dos atos internacionais ao sistema de direito positivo interno brasileiro.

O exame da vigente Constituição Federal permite constatar que a execução dos tratados internacionais e a sua incorporação à ordem jurídica interna decorrem, no sistema adotado pelo Brasil, de um ato subjetivamente complexo, resultante da conjuga-

ção de duas vontades homogêneas: a do Congresso Nacional, que resolve, definitivamente, mediante decreto legislativo, sobre tratados, acordos ou atos internacionais (CF, art. 49, I) e a do Presidente da República, que, além de poder celebrar esses atos de direito internacional (CF, art. 84, VIII), também dispõe — enquanto Chefe de Estado que é — da competência para promulgá-los mediante decreto.

O iter *procedimental de incorporação dos tratados internacionais — superadas as fases prévias da celebração da convenção internacional, de sua aprovação congressional e da ratificação pelo Chefe de Estado — conclui-se com a expedição, pelo Presidente da República, de decreto, de cuja edição derivam três efeitos básicos que lhe são inerentes: (a) a promulgação do tratado internacional; (b) a publicação oficial de seu texto; e (c) a executoriedade do ato internacional, que passa, então, e somente então, a vincular e a obrigar no plano do direito positivo interno. Precedentes.*

Subordinação normativa dos tratados internacionais à Constituição da República.

— No sistema jurídico brasileiro, os tratados ou convenções internacionais estão hierarquicamente subordinados à autoridade normativa da Constituição da República. Em conseqüência, nenhum valor jurídico terão os tratados internacionais, que, incorporados ao sistema de direito positivo interno, transgredirem, formal ou materialmente, o texto da Carta Política.

O exercício do treaty-making power, *pelo Estado brasileiro — não obstante o polêmico art. 46 da Convenção de Viena sobre o Direito dos Tratados (ainda em curso de tramitação perante o Congresso Nacional) —, está sujeito à necessária observância das limitações jurídicas impostas pelo Texto Constitucional.*

Controle de constitucionalidade de tratados internacionais no sistema jurídico brasileiro.

— O Poder Judiciário — fundado na supremacia da Constituição da República — dispõe de competência, para, quer em sede de fiscalização abstrata, quer no âmbito do controle difuso, efetuar o exame de constitucionalidade dos tratados ou convenções internacionais já incorporados ao sistema de direito positivo interno. Doutrina e Jurisprudência.

Paridade normativa entre atos internacionais e normas infraconstitucionais de direito interno.

— Os tratados ou convenções internacionais, uma vez regularmente incorporados ao direito interno, situam-se, no sistema jurídico brasileiro, nos mesmos planos de validade, de eficácia e de autoridade em que se posicionam as leis ordinárias, havendo, em conseqüência, entre estas e os atos de direito internacional público, mera relação de paridade normativa. Precedentes.

No sistema jurídico brasileiro, os atos internacionais não dispõem de primazia hierárquica sobre as normas de direito interno. A eventual precedência dos tratados ou convenções internacionais sobre as regras infraconstitucionais de direito interno somente se justificará quando a situação de antinomia com o ordenamento doméstico impuser, para a solução do conflito, a aplicação alternativa do critério cronológico (lex posterior derogat priori) *ou, quando cabível, do critério da especialidade. Precedentes.*

Tratado internacional e reserva constitucional de lei complementar.

— O primado da Constituição, no sistema jurídico brasileiro, é oponível ao princípio pacta sunt servanda, *inexistindo, por isso mesmo, no direito positivo nacional, o problema da concorrência entre tratados internacionais e a Lei Fundamental da República, cuja suprema autoridade normativa deverá sempre prevalecer sobre os atos de direito internacional público.*

Os tratados internacionais celebrados pelo Brasil — ou aos quais o Brasil venha a aderir — não podem, em conseqüência, versar matéria posta sob reserva constitucional de lei complementar. É que, em tal situação, a própria Carta Política subordina o tratamento legislativo de determinado tema ao exclusivo domínio normativo da lei complementar, que não pode ser substituída por qualquer outra espécie normativa infraconstitucional, inclusive pelos atos internacionais já incorporados ao direito positivo interno.

Legitimidade constitucional da Convenção n. 158/OIT, desde *que observada a interpretação conforme fixada pelo Supremo Tribunal Federal.*

— A Convenção n. 158/OIT, além de depender de necessária e ulterior intermediação legislativa para efeito de sua integral aplicabilidade no plano doméstico, configurando, sob tal aspecto, mera proposta de legislação dirigida ao legislador interno, não consagrou, como única conseqüência derivada da ruptura abusiva ou arbitrária do contrato de trabalho, o dever de os Estados-Partes, como o Brasil, instituírem, em sua legislação nacional, apenas a garantia da reintegração no emprego. Pelo contrário, a Convenção n. 158/OIT expressamente permite a cada Estado-Parte (artigo 10), que, em função de seu próprio ordenamento positivo interno, opte pela solução normativa que se revelar mais consentânea e compatível com a legislação e a prática nacionais, adotando, em conseqüência, sempre com estrita observância do estatuto fundamental de cada País (a Constituição brasileira, no caso), a fórmula da reintegração no emprego e/ou da indenização compensatória. Análise de cada um dos Artigos impugnados da Convenção n. 158/OIT (artigos 4º a 10).'

(ADIn 1.480-3-DF, Rel. Min. Celso de Mello, Pleno)

Acentue-se, por oportuno, que, em 20 de dezembro de 1996, o Estado brasileiro, por intermédio do Presidente da República, que agiu em sua condição de Chefe de Estado, denunciou a mencionada Convenção n. 158/OIT.

Essa denúncia — que se tornou efetiva um ano após o seu registro junto à OIT, consoante previsto no artigo 17, n. 1, da própria Convenção n. 158 — consubstanciou-se, formalmente, no Decreto n. 2.100, de 20.12.96, cujo teor é o seguinte:

'O Presidente da República torna público que deixará de vigorar para o Brasil, a partir de 20 de novembro de 1997, a Convenção da OIT n. 158, relativa ao Término da Relação de Trabalho por Iniciativa do Empregador, adotada em Genebra, em 22 de junho de 1982, visto haver sido denunciada por Nota do Governo brasileiro à Organização Internacional do Trabalho, tendo sido a denúncia registrada, por esta última, a 20 de novembro de 1996' (grifei).

Isso significa que, já decorrido o lapso temporal de 1 (um) ano — e revelando-se plenamente eficaz, desse modo, o ato unilateral da denúncia — cessou, tractu temporis, *quanto ao Estado brasileiro, a vigência da mencionada convenção internacional.*

Na realidade, consoante enfatiza autorizado magistério doutrinário (Luiz P. F. de Faro Junior, "Direito Internacional Público", p. 352, item n. 829, 4ª ed., 1965, Borsoi; Hildebrando Accioly/Geraldo Eulálio do Nascimento e Silva, "Manual de Direito Internacional Público", p. 34, 12ª ed., 1996, Saraiva; Celso D. de Albuquerque Mello, "Os Tratados na Constituição" in "As Tendências Atuais do Direito Público — Estudos em homenagem ao Prof. Afonso Arinos", p. 138, 1976, Forense; José Francisco Rezek, "Direito dos Tratados", p. 485, item n. 405, 1984, Forense), a denúncia — enquanto manifestação soberana do Estado que a formula — qualifica-se, quanto à Alta Parte de que emana, como causa extintiva do tratado ou convenção internacional.

Vê-se, portanto, que a Convenção n. 158/OIT não mais se acha incorporada ao sistema de direito positivo interno brasileiro, eis que, com a denúncia dessa convenção internacional, registrada, junto à OIT, em 1996, ope-

rou-se, quanto ao Brasil, a própria extinção do referido ato de direito internacional público, o que importa — considerada a integral cessação de sua eficácia — em situação configuradora de perda superveniente do objeto da presente ação direta de inconstitucionalidade.

Não custa enfatizar, neste ponto, que, em decorrência do referido ato de denúncia, deixou de existir o próprio objeto sobre o qual incidiram os atos estatais — Decreto Legislativo n. 68/92 e Decreto n. 1.855/96 — questionados nesta sede de controle concentrado de constitucionalidade, não mais se justificando, por isso mesmo, a subsistência deste processo de fiscalização abstrata, independentemente da existência, ou não, no caso, de efeitos residuais concretos gerados por aquelas espécies normativas.

A situação que vem de ser referida, não obstante a peculiaridade de que se reveste, equipara-se — considerada a cessação da vigência doméstica da Convenção n. 158/OIT — à revogação superveniente de diplomas legislativos ou de atos estatais impugnados em sede de ação direta, fazendo instaurar, por isso mesmo, típica hipótese de prejudicialidade do processo de controle normativo abstrato.

Cabe rememorar, por oportuno, a propósito da situação que ora se registra na presente causa, que a jurisprudência do Supremo Tribunal Federal, em sucessivas decisões, tem enfatizado que a revogação superveniente dos atos estatais impugnados em ação direta de inconstitucionalidade — à semelhança do que ocorre com o exaurimento da eficácia das normas temporárias — provoca a extinção do processo de controle normativo abstrato, independentemente da existência de efeitos residuais concretos que possam derivar da aplicação dos diplomas questionados (RTJ 154/396, Rel. Min. Celso de Mello — RTJ 154/401, Rel. Min. Paulo Brossard — ADI 437-DF, Rel. Min. Celso de Mello, DJU de 17.8.94 — ADI 876-RJ, Rel. Min. Celso de Mello, DJU de 1º.7.93 — ADI 1.063-DF, Rel. Min. Celso de Mello, DJU de 25.6.01):

'A revogação superveniente do ato normativo impugnado prejudica a ação direta de inconstitucionalidade, independentemente da existência de efeitos residuais concretos. Esse entendimento jurisprudencial do Supremo Tribunal Federal nada mais reflete senão a própria natureza jurídica do controle normativo abstrato, em cujo âmbito não se discutem situações de caráter concreto ou individual. Precedentes.'

(RTJ 160/145, Rel. Min. Celso de Mello).

Sendo assim, e tendo em consideração as razões expostas, julgo extinto este processo de controle abstrato de constitucionalidade, em virtude da perda superveniente de seu objeto.

Arquivem-se os presentes autos.

Publique-se."[2]

---

[2] ADIn 1.480-3-DF, de 26.6.2001 (Confederação Nacional dos Transportes e Confederação Nacional da Indústria — CNI *vs.* Presidente da República e Congresso Nacional). Rel.: Min. Celso de Mello (DJ n. 140-E, Seção 1, de 8.8.2001, pp. 2-3).

2. ESTABILIDADE DE GESTANTE — ACORDO COLETIVO

O incremento à negociação coletiva tem ganhado novos foros no Brasil. No Parlamento Nacional tramita projeto de lei que pretende modificar o art. 618 da CLT, privilegiando o negociado em lugar do legislado. O julgado a seguir, o RE 234.186-3-SP, de 5.6.2001, da lavra do Min. Sepúlveda Pertence, em sentido contrário à proposta de modificação da CLT, prevê que prevalece a norma constitucional em lugar daquela oriunda de acordo coletivo de trabalho. Trata-se de estabilidade à gestante, onde a norma coletiva previa a necessidade de prévia comunicação do estado gravídico da empregada ao empregador[3].

A informação relativa a esse julgado tem o seguinte teor:

> *"Considerando que os acordos e convenções coletivas de trabalho não podem restringir direitos irrenunciáveis dos trabalhadores, a Turma deu provimento a recurso extraordinário para reformar acórdão do TST que afastara o direito de empregada gestante à estabilidade provisória prevista no art. 10, II,* b, *do ADCT ('II — fica vedada a dispensa arbitrária ou sem justa causa: ... b) da empregada gestante, desde a confirmação da gravidez até cinco meses após o parto.'), em razão da existência, na espécie, de cláusula de acordo coletivo que condicionara o mencionado direito à necessidade de prévia comunicação da gravidez ao empregador."*[4]

---

[3] V., sobre o mesmo tema, v. 2, p. 59, v. 4, p. 28.

[4] Informativo STF n. 231, 19.6.2001, p. 2.

A decisão da 1ª Turma do Excelso Pretório, unânime, é a seguinte:

> *"A Turma conheceu do recurso extraordinário e lhe deu provimento, nos termos do voto do Relator. Unânime. 1ª Turma, 5.6.2001."*[5]

[5] RE 234.186-3-SP, de 5.6.2001 (Elizabete dos Santos Silva *vs.* Credencial Serviços Ltda.). Rel.: Min. Sepúlveda Pertence (DJ n.157-E, Seção 1, de 23.6.2001, p. 65).

3. *ESTABILIDADE PROVISÓRIA — EXTINÇÃO DA EMPRESA*

Entendeu a 2ª Turma do STF que o empregado dirigente sindical, conquanto goze de estabilidade provisória, não a mantém em caso de extinção da empresa. Trata-se do RE 222.334-2-BA, em que é relator o Min. Maurício Corrêa, de 30.10.2001. É a seguinte a informação a respeito:

"Considerando que a garantia da estabilidade provisória prevista no art. 8º, VIII, da CF ('é vedada a dispensa do empregado sindicalizado a partir do registro da candidatura a cargo de direção ou representação sindical e, se eleito, ainda que suplente, até um ano após o final do mandato, salvo se cometer falta grave nos termos da lei.'), tem por fim proteger a atividade de representação sindical na defesa dos interesses da categoria e não a pessoa do empregado, a Turma manteve acórdão do TST que negara a dirigente sindical — que teve seu contrato de trabalho rescindido devido ao encerramento das atividades do empregador na localidade em que trabalhava — o direito à reintegração no emprego. Considerou-se que a referida garantia não é a absoluta, comportando exceções como, por exemplo, a extinção da empresa, pois só há estabilidade na vigência da relação empregatícia."[6]

[6] Informativo STF n. 248, p. 2, de 2.11.200, com decisão prolatada pelo Min. Maurício Corrêa, no RE 222.334-2-BA, de 30.10.2001 (José Carlos dos Santos Lima *vs.* Banco Econômico S/A — em liquidação extrajudicial), publicada no DJ n. 192, Seção 1, de 30.10.2001, p. 22.

4. PLANO DE DISPENSA VOLUNTÁRIA — INCIDÊNCIA DE IMPOSTO SOBRE A RENDA

Inúmeros órgãos públicos, inclusive paraestatais, promoveram e ainda promovem, o incremento de planos de dispensa voluntária, com vistas à redução de custos com pessoal. Uma das questões que têm sido colocadas, é a relativa à incidência ou não de imposto sobre a renda relativamente ao valor das verbas adicionais, recebidas como indenização espontânea, em decorrência da adesão a esses planos e a conseqüente ruptura do vínculo laboral.

No RE 281.297-8-RJ, a 23.8.2001, o relator, Min. Carlos Velloso, demonstrou o entendimento da Suprema Corte, nos seguintes termos, *verbis*:

"— Vistos. O acórdão recorrido, em mandado de segurança, decidiu pela não incidência do imposto de renda na fonte sobre verbas adicionais, pagas como indenização espontânea, em decorrência do rompimento do contrato de trabalho.

Daí o RE, interposto pela União, com fundamento no art. 102, III, a, da Constituição Federal, sustentando, em síntese, ter ocorrido contrariedade aos arts. 150, § 6º e 153, III, da mesma Carta, dado que a indenização em tela, mesmo possuindo caráter compensatório, sujeita-se ao pagamento do imposto de renda, porquanto não há norma legal que autorize a não incidência.

Admitido o recurso, subiram os autos, que me foram conclusos em 7.6.2001.

Decido.

Está no acórdão:

'(...)

Entendo que as verbas recebidas, no caso, têm conteúdo eminentemente indenizatório. Trata-se de uma indenização, que não é remuneratória de trabalho, mas compensatória de prejuízo, porquanto visa reparar o dano oriundo da perda do emprego. Não há que se falar, pois, em acréscimo patrimonial.

Não se cuida de uma realidade econômica nova, mas de quantias pagas no intuito de repor o patrimônio do trabalhador atingido pela rescisão do contrato de trabalho, não havendo, portanto, uma mudança patrimonial. E tal acontece ainda que, por liberalidade, a empresa pague indenização superior à estabelecida em lei.

De outra parte, mesmo que tal rescisão tenha sido negociada e aceita pelo empregado, este fato não retira o caráter indenizatório das verbas. Aliás, deve-se levar em conta, também, que o término do pacto laboral, nesta hipótese, teve por principal fundamento o interesse da empresa em diminuir despesas.

Assim, a percepção de benefício em troca do rompimento do contrato de trabalho configura uma indenização e, como tal, tem caráter compensatório, incompatível com o conceito de renda ou proventos de qualquer natureza, como previsto no art. 43 do CTN acima transcrito.

(...) Saliente-se que a própria Administração Federal, ao instituir o Programa de Desligamento Voluntário dos servidores públicos federais, isentou os voluntários da cobrança do imposto de renda sobre verbas indenizatórias.

(...)'. (fls. 114/115).

Assim posta a questão, verifica-se que o RE é inviável.

A uma, porque a questão, basicamente, integra o contencioso infraconstitucional: disposições da CLT, que es-

tabelecem o direito à indenização compensatória ao empregado despedido e disposições da legislação tributária que cuidam da incidência do imposto. Bem por isso é que o acórdão recorrido decidiu a questão com base em dispositivos infraconstitucionais. Nesse sentido, aliás, foram as decisões proferidas nos RREE 254.568-SP e 201.617-SP (DJ de 3.12.99 e 13.6.96, respectivamente).

A duas, porque a Secretaria da Receita Federal, pelo Ato Declaratório n. 3, de 7.1.99, reconheceu que 'não se sujeitam à incidência do imposto de renda na fonte nem na Declaração de Ajuste Anual' os valores pagos por pessoa jurídica a seus empregados, a título de incentivo à adesão a Programas de Desligamento Voluntário — PDV, tendo em vista o seu caráter indenizatório.

Do exposto, nego seguimento ao recurso (arts. 557, caput, *do CPC, 38 da Lei n. 8.038/90 e 21, § 1º, do RI/STF).*

Publique-se."[7]

---

[7] RE 281.297-8-RJ, de 23.8.2001 (União Federal *vs.* Marina Alda). Rel. Min. Carlos Velloso (DJ n. 189, Seção 1, de 18.10.2001, p. 54).

5. SALÁRIO MÍNIMO DE REFERÊNCIA — VINCULAÇÃO

A vinculação ao salário mínimo continua sendo objeto de permanente controvérsia[8]. Nos julgados adiante, que são o RE 247.656-1-PR e o RE 254.871-5-PR, ambos tendo por relator o Min. Ilmar Galvão, julgados a 15.5.2001, a 1ª Turma do Excelso Pretório deu provimento ao apelo, no sentido de reconhecer a impossibilidade de adoção do salário mínimo aplicável como substituto do salário mínimo de referência, que foi extinto.

A informação a respeito desses julgados é a seguinte:

> *"Tendo em vista a proibição de vinculação ao salário mínimo contida na CF (art. 7º, XIV), a Turma deu provimento a recurso extraordinário para reformar acórdão do Tribunal de Justiça do Estado do Paraná que assegurara a professores estaduais, cujo vencimento era fixado em três vezes o valor do salário mínimo de referência, o direito de perceberem vencimento mensal equivalente a três vezes o valor do salário mínimo a partir da extinção do salário mínimo de referência pela Lei Federal n. 7.789/89."*[9]

---

[8] V., sobre o tema, v. 1, p. 19, v. 3, p. 117, v. 4, p. 33.

[9] Informativo STF n. 228, de 12.6.2001, p. 1, com decisões prolatadas pelo Min. Ilmar Galvão, no RE 247.656-1-PR (Estado do Paraná *vs.* Mário Garau e outros) e no RE 254.871-5-PR (Estado do Paraná *vs.* Walter Perette e outros), ambas de 15.5.2001, publicadas no DJ n. 95-E, Seção 1, de 24.5.2001, p. 9.

6. *TURNOS ININTERRUPTOS DE REVEZAMENTO — ACORDO COLETIVO*

O art. 7º, XIV, da Constituição da República cuida de turnos ininterruptos de revezamento[10]. No julgado adiante transcrito, foi tratado do tema relativamente a sua regulação pela via da negociação coletiva.

Trata-se da informação do RE 215.411-3-SP, de 15.5.2001, relatado pelo Min. Néri da Silveira, na 2ª Turma do Excelso Pretório, nos seguintes termos:

> *"Iniciado o julgamento de recurso extraordinário em que se pretende a reforma de acórdão do TST que, interpretando cláusula contida em acordo coletivo de trabalho — a qual estabelece que, até que ocorra decisão clara e definitiva do Poder Judiciário sobre o conceito e enquadramento dos empregados na jornada de seis horas prevista no art. 7º, XIV, da CF, será de 44 horas a jornada de todos trabalhadores com abono mensal de 14 horas, equivalente a negociação coletiva — entendera que a mencionada cláusula fora firmada de acordo com a parte final do inciso XIV do art. 7º da CF ('jornada de seis horas para o trabalho realizado em turnos ininterruptos de revezamento, salvo negociação coletiva'). O Min. Néri da Silveira, relator, proferiu voto no sentido de dar provimento ao recurso para restabelecer o acórdão do TRT — que entendera pelo enquadramento dos empregados na jornada de 6 horas, porquanto a concessão de intervalo não descaracterizaria a hipótese do turno ininterrupto —, por entender que a referida cláusula apenas definira um procedimento de transição até decisão do Poder Judiciário*

[10] V., sobre o tema, v. 1, p.23, v. 2, p. 64, v. 3, p. 30.

relativamente à interpretação do art. 7º, XIV, da CF. De outra parte, o Min. Marco Aurélio votou no sentido de manter o acórdão do TST, por entender que houve uma negociação coletiva para os fins do inciso XIV, do art. 7º in fine *da CF. Após, o julgamento foi adiado em face do pedido de vista do Min. Nelson Jobim."*[11]

[11] Informativo STF n. 228, de 12.7.2001, p. 2, com a decisão prolatada pelo Min. Néri da Silveira, no RE 215.411-3-SP, de 15.5.2001 (Sindicato dos Trabalhadores nas Indústrias de Alimentação de Mogi-Mirim *vs.* Refinações de Milho Brasil Ltda.), publicada no DJ n. 96-E, Seção 1, de 25.5.2001, p. 8.

PARTE II

DIREITOS COLETIVOS

1. CENTRAL SINDICAL — ILEGITIMIDADE ATIVA — ADIN

Intérprete máximo da Constituição, a Suprema Corte demonstra, no julgado a seguir, o alcance da expressão *entidade de classe de âmbito nacional*, que consta do art. 103 da Carta Magna. Lamentavelmente, a restrição constitucional não permite que as centrais sindicais tenham de direito o que já fazem de fato: atuem na defesa dos trabalhadores. Demandaria uma reforma constitucional a fim de fazer a realidade prevalecer. Enquanto isso não ocorre, devemos observar e cumprir o entendimento do Pretório Excelso.

A decisão na medida liminar na ADIn 271-6-DF, de 24.9.1992, relatada pelo eminente Min. Moreira Alves, demonstra esse aspecto. Ei-la:

> *"Ação direta de inconstitucionalidade. Central Única dos Trabalhadores (CUT). Falta de legitimação ativa.*
>
> *— Sendo que a autora constituída por pessoas jurídicas de natureza vária, e que representam categorias profissionais diversas, não se enquadra ela na expressão 'entidade de classe de âmbito nacional', a que alude o artigo 103 da Constituição, contrapondo-se às confederações sindicais, porquanto não é uma entidade que congregue os integrantes de uma determinada atividade ou categoria profissional ou econômica, e que, portanto, represente, em âmbito nacional, uma classe.*
>
> *— Por outro lado, não é a autora — e nem ela própria se enquadra nesta qualificação — uma confederação sindical, tipo de associação sindical de grau superior devidamente previsto em lei (CLT, artigos 533 e 535), o*

qual ocupa o cimo da hierarquia de nossa estrutura sindical e ao qual inequivocamente alude a primeira parte do inciso IX, do artigo 103 da Constituição.

Ação direta de inconstitucionalidade que não se conhece por falta de legitimação da autora."[12]

[12] ADIn 271-6-DF — medida liminar, de 7.5.1990 (Central Única dos Trabalhadores — CUT *vs.* Ministro do Trabalho e Previdência Social). Rel.: Min. Moreira Alves (DJ n. 161-E, Seção 1, de 6.9.2001, p. 6).

2. CONVENÇÃO COLETIVA — POLÍTICA SALARIAL — DISSÍDIO COLETIVO — PREVALÊNCIA DO ACORDO SOBRE LEI POSTERIOR

Os efeitos da Lei n. 8.030/90, instituidora de nova sistemática de reajustes de preços e salários, podem ser afastados se continuar a prevalecer no STF o entendimento que convenção coletiva tem primazia sobre norma legal menos favorável, com ofensa ao art. 5º, XXXVI, da Constituição[13].

A informação do julgamento relativo ao RE 194.662-8-BA, de 8.5.2001, relatado pelo Min. Marco Aurélio tem o seguinte teor:

> *"Iniciado o julgamento de recurso extraordinário em que se discute se a edição da Medida Provisória n. 154, convertida na Lei n. 8.030/90 (que instituiu nova sistemática relativamente ao reajuste de preços e salários) prevaleceria sobre disposição expressa contida em convenção coletiva de trabalho — na qual, em agosto de 1989, se pactuara a reposição salarial a ser adotada no período de 1º.9.89 a 31.8.90 — no sentido de que a política ali convencionada seria mantida ainda que sobreviesse nova lei introduzindo política salarial menos favorável. Pretende-se, na espécie, a reforma de acórdão do Tribunal Superior do Trabalho que, interpretando a referida convenção coletiva, declarara que a partir de março de 1990 deveriam ser respeitadas as normas contidas na MP n. 154. O Min. Marco Aurélio, relator, proferiu voto no sentido de dar provimento ao recurso extraordinário para afastar a repercussão da Lei n. 8.030/90 ao que decidido na con-*

[13] V., a respeito do tema, v. 3, p. 53.

venção coletiva, por entender caracterizada a ofensa ao art. 5º, XXXVI, da CF. Após, o julgamento foi adiado em face do pedido de vista do Min. Nelson Jobim."[14]

O resultado parcial do julgamento, em razão do pedido de vista do Min. Nelson Jobim, foi o seguinte:

"Preliminarmente, a Turma, por unanimidade, homologou a desistência parcial do recurso no que concerne às preliminares dele constantes. No julgamento do mérito, após o voto do Senhor Ministro Relator, conhecendo do recurso e lhe dando provimento, o julgamento foi adiado, em razão de pedido de vista do Senhor Ministro Nelson Jobim..."[15]

---

[14] Informativo STF n. 227, de 12.6.2001, p. 2.

[15] RE 194.662-8-BA, de 8.5.2001 (SINDIQUÍMICA — Sindicato dos Trabalhadores nas Indústrias e Empresas Petroquímicas, Químicas, Plásticas e Afins do Estado da Bahia *vs.* SINPER — Sindicato da Indústria Petroquímica e de Resinas Sintéticas no Estado da Bahia e outro). Rel.: Min. Marco Aurélio (DJ n. 91-E, Seção 1, de 18.5.2001, p. 548).

3. GREVE

A. Ofensa Reflexa

Arma sindical por excelência, na expressão de *Michel Despax*[16], a greve[17] tem sido exercida, algumas vezes, de forma exacerbada e, em muitas oportunidades, como o único veículo de que dispõe o trabalhador para a tentativa de obtenção de melhores condições de trabalho e de um salário mais justo.

A Lei n. 7.783, de 28.6.1989, que disciplina o exercício do direito de greve no Brasil, por se tratar de norma infraconstitucional, quando eventualmente violada, não enseja o apelo extraordinário, porque se verifica apenas ofensa reflexa ao preceito constitucional garantidor do direito de greve.

Neste sentido, a ementa do julgado unânime da 1ª Turma do STF, da lavra do Min. Celso de Mello, no AGRG-AI-171.020-9-CE, de 24.10.1995, do seguinte teor:

> *"Agravo de Instrumento — Trabalhista — Garantia do direito de greve — Análise prévia da legislação infraconstitucional — Hipótese de ofensa reflexa — Razões recursais que não infirmam os fundamentos da decisão agravada — Agravo improvido.*
>
> *— A jurisprudência do Supremo Tribunal Federal firmou-se no sentido de que a transgressão a diploma legislativo que disciplina matéria prevista no texto da Constituição não configura, só por si, hipótese caracterizadora de ofensa direta ao ordenamento constitucional (RTJ 136/*

[16] *Despax, Michel.* "Le droit du travail", 5ª ed., Paris, PUF, 1981, p. 73.

[17] V., sobre o tema, v. 2, p. 78, v. 3, p. 50.

842). É que não se qualifica como constitucional a matéria constante de lei editada para regular, no plano normativo, cláusula inscrita na Constituição.

— As razões do recurso de agravo devem infirmar todos os fundamentos jurídicos em que se assenta o ato decisório impugnado, sob pena de improvimento dessa modalidade recursal."[18]

B. Petrobrás. Multa. Execução. Perda de Objeto

A partir de polêmica decisão do C. TST, condenando comportamento de alguns grevistas da empresa PETROBRÁS S/A, inclusive com aplicação de multa e dispensa de empregados dirigentes sindicais, houve, por iniciativa da FUP (Federação Única dos Petroleiros), formalização de queixa perante o Comitê de Liberdade Sindical da OIT, em Genebra, que resultou na condenação formal do Brasil[19].

No Parlamento Nacional, tramitou projeto de lei que resultou na Lei n. 9.689, de 14.7.1998, anistiando as multas cominadas por aquela Corte Superior.

No julgado adiante, que é o RE 233.664-9-DF, de 11.6.2001, relatado pelo Min. Nelson Jobim, foi considerado prejudicado o apelo por perda de objeto, em decorrência da mencionada lei.

Tem o seguinte teor:

> *"Multa. Anistia. Fato superveniente. Perda de objeto. RE prejudicado.*
>
> *O TST decidiu que é competente o Ministério Público, e não a AGU, para ajuizar ação de execução relativa à multa decorrente de ilegalidade ou abusividade de movimento grevista.*

---

[18] AGRG-AI 171.020-9-CE, de 24.10.1995 (Sindicato dos Trabalhadores na Indústria de Energia Termoelétrica no Estado do Ceará *vs.* Companhia Energética do Ceará — COELCE). Rel.: Min. Celso de Mello (DJ n. 190, Seção 1, de 19.10.2001, p. 34).

[19] Sobre esta questão, v. V. 2, pp. 84-5, desta coletânea, e o 300º Informe do Comitê de Liberdade Sindical para a 264ª Reunião do Conselho de Administração da OIT (novembro, 1995).

Após a interposição do RE, ocorreu um fato superveniente, qual seja, o advento da Lei n. 9.689, de 14 de julho de 1998, que concede anistia de multas cominadas pelo TST a entidades sindicais representativas dos empregados da Empresa Petróleo Brasileiro S/A.

Leio na Lei:

> *'Art. 1º É concedida anistia das multas cominadas pelo Tribunal Superior do Trabalho a entidades sindicais representativas da categoria dos trabalhadores na indústria de extração, exploração, estocagem, transferência, perfuração, destilação, produção e refinação de petróleo e seus derivados, gás natural e outros similares da indústria petroquímica, química e de plásticos e afins, entre 1º de setembro de 1994 e a data da publicação desta Lei, em decorrência de sentenças judiciais declaratórias de ilegalidade ou abusividade de movimento grevista ou de improcedência de reivindicações de categorias profissionais.'*

Este fato deve ser levado em consideração, a teor do art. 462, do CPC.

Julgo prejudicado o RE por perda do objeto (RISTF, art. 21, IX).

Publique-se."[20]

[20] RE 233.664-9-DF, de 11.6.2001 (Sindicato dos Trabalhadores na Indústria de Produtos Petroquímicos, Plásticos e Similares do Estado de Sergipe *vs.* Ministério Público do Trabalho). Rel.: Min. Nelson Jobim (DJ n. 176, Seção 1, de 28.9.2001, p. 112).

4. RECEITA SINDICAL

Continua sendo das mais tormentosas a matéria relativa à receita sindical, nas diversas formas que se apresenta, quer em decorrência de lei (*v.g.* contribuição sindical, prevista na CLT, art. 578 e segs.), e contribuição confederativa, consagrada pela Constituição em vigor (art. 8º, IV), quer fruto de negociação coletiva[21].

Os julgados adiante revelam alguns casos de ampliação da arrecadação dos sindicatos brasileiros, nas diversas formas de contribuição que são criadas.

A. Contribuição Assistencial

Uma das fontes da receita sindical é a contribuição assistencial[22]. No AI 270.156-1-RS, de 31.10.2001, transcrevendo julgado anterior, onde é demonstrado que seu fundamento original tanto pode ser o art. 462, da CLT, quando independe da vontade do trabalhador o desconto a esse título ser efetuado, como o art. 545 consolidado, quando cabe a oposição do empregado, o Min. Sydney Sanches, seu relator, negou seguimento ao agravo, por entender inexistir violação constitucional.

A decisão tem o seguinte teor:

"1. A preliminar suscitada aborda temas constitucionais não prequestionados (artigos 5º, II, 127 e 129 da CF/88).

2. E a questão relativa à contribuição assistencial é infraconstitucional e como tal foi tratada pelo acórdão re-

[21] V., sobre o tema, v. 1, p. 66, v. 2, p. 95, v. 3, p. 56.

[22] V., sobre o tema, v. 1, p. 69, v. 3, p. 56.

corrido, que também não focalizou os temas constitucionais suscitados no recurso extraordinário (Súmulas 282 e 356 do STF).

3. Aliás, outro não foi o entendimento adotado pela Primeira Turma desta Corte, quando do julgamento do RE 220.120, em 24.3.98, do qual foi relator o eminente Ministro Sepúlveda Pertence e cuja ementa assim se expressou:

'...

II. Sindicato: contribuição assistencial estipulada em convenção coletiva: sujeição do desconto em folha à autorização ou à não oposição do trabalhador, que não ofende a Constituição.

2. Não se confundem a contribuição confederativa, prevista no art. 8º, IV, 1ª parte da Constituição e a contribuição assistencial estipulada em convenção coletiva ou sentença normativa, de que não cuidou a Lei Fundamental, sequer implicitamente, em nenhum dos preceitos aventados (CF, art. 8º, III, IV e VI e art. 7º, XXVI).

3. É, pois, de alçada infraconstitucional a questão de saber se o desconto em folha da contribuição assistencial se funda no art. 462, CLT e independe da vontade do trabalhador ou, ao contrário, no art. 545, CLT, caso em que, como se firmou na jurisprudência, a ele se pode opor o empregado.'

4. Diante do exposto, nego seguimento ao presente agravo de instrumento (arts. 21, § 1º, do RISTF, 38 da Lei n. 8.038/90 e 557 do CPC).

5. Publique-se. Intimem-se as partes."[23]

---

[23] AI 270.156-1-RS, de 31.10.2000 (Sindicato dos Empregados em Turismo e Hospitalidade de Charqueadas, São Jerônimo, Arroio dos Ratos, Buitá, Triunfo, Eldorado do Sul, Gauíba e Montenegro *vs.* Ministério Público do Trabalho da 4ª Região). Rel.: Min. Sydney Sanches (DJ n. 34-E, Seção 1 de 16.2.2001, p. 145).

B. Contribuição Assistencial. Não associados

Examinando o RE 189.960-3-SP, a 2ª Turma da Suprema Corte, unanimemente, a 7.11.2000, em voto do Min. Marco Aurélio, decidiu no sentido de que a contribuição assistencial[24] é devida por todos os integrantes da categoria, a teor do art. 513, *e*, da CLT, em que pese, por equívoco, a ementa referir ao dispositivo como sendo da Constituição, eis que correta a referência nos fundamentos do *decisum*.

Assim decidiu o STF, *verbis*:

> *"Contribuição — Convenção Coletiva. A contribuição prevista em convenção coletiva, fruto do disposto no artigo 513, alínea* e, *da Constituição Federal, é devida por todos os integrantes da categoria profissional, não se confundindo com aquela versada na primeira parte do inciso IV do artigo 8º da Carta da República."*[25]

C. Contribuição Sindical Rural

Na área rural, o problema da receita sindical apresenta-se com igual importância. Examinando o RE 289.090-1-SP, a 19.4.2001, o relator, Min. Néri da Silveira, negou seguimento ao apelo, acentuando que essa contribuição possui natureza tributária, sendo devida por todos os integrantes da categoria, independentemente de sua condição de associado ou não da entidade gremial. É o seguinte o despacho:

> *"Vistos. Cuida-se de recurso extraordinário interposto com fundamento no art. 102, III,* a *e* c, *da Constituição Federal, contra acórdão proferido pela Quinta Câmara de Direito Privado do Tribunal de Justiça do Estado de São Paulo, que entendeu legítima a cobrança ajuizada pela Confederação Nacional da Agricultura — CNA, visando à cobrança de contribuição sindical rural do exercício de*

[24] V., sobre o tema, v. 3, p. 56.

[25] RE 189.960-3-SP, de 7.11.2000 (Sindicato dos Empregados em Estabelecimentos Bancários de São Paulo *vs.* Marta Domingues Fernandes e outros). Rel. Min. Marco Aurélio (DJ n. 142-E, Seção 1, de 10.8.2001, p. 18).

1997, com base no art. 24, I, da Lei n. 8.847/94, entendendo que tal contribuição é prevista na parte final do inciso IV, do art. 8º, da Constituição Federal, apresentando o aresto a seguinte ementa:

'Contribuição Sindical Rural — Cobrança pela Confederação Nacional da Agricultura — Constitucionalidade — Desnecessidade de previsão em lei complementar — Norma recepcionada pela nova ordem constitucional — Apelação provida.

Contribuição Sindical Rural — Contribuinte produtor rural, pessoa física — Base de cálculo — Valor da Terra Nua — Identidade com a do Imposto Territorial Rural — Recepção pela CF/88 — Apelação provida.

Monitória — Contribuição sindical rural — Guia de recolhimento expedida e notificação do devedor realizada, exteriorizando obrigação estatuída em lei — Documentação hábil à caracterização da prova escrita, *posicionada como pressuposto necessário no artigo 1.102,* a, *do Código de Processo Civil — Apelação provida, por maioria de votos.'*

2. Em suas razões, sustenta o recorrente que a referida decisão fere e contraria dispositivos constitucionais, inclusive julgando válido Decreto-lei não recepcionado pela Constituição Federal.

3. Na conformidade da jurisprudência desta Corte, a contribuição sindical possui natureza tributária, sendo, pois, exigível de todos os integrantes da categoria, independentemente de filiação ao sindicato, nos termos do art. 8º, IV, in fine, *da Constituição Federal.*

Nesse sentido, diversos os julgados: RE n. 198.092/SP, DJ de 11.10.1996 e RE n. 176.638/SP, DJ de 29.11.1996, Min. Carlos Velloso, 2ª Turma; RREE ns. 196.407/SP e 192.291, DJ de 2.5.1997, Min. Moreira Alves, dentre outros.

4. No que pertine à recepção do Decreto-lei n. 1.166/71, pela nova ordem constitucional, destaco o aresto do RE n. 180.745/SP, Relator Ministro Sepúlveda Pertence, 1ª Turma, DJ de 8.5.1998, assim ementado:

'Ementa: Sindicato: contribuição sindical da categoria: recepção.

A recepção pela ordem constitucional vigente da contribuição sindical compulsória, prevista no art. 578, CLT e exigível de todos os integrantes da categoria, independentemente de sua filiação ao sindicato resulta do art. 8º, IV, in fine, *da Constituição; não obsta à recepção a proclamação, no* caput *do art. 8º, do princípio da liberdade sindical, que há de ser compreendido a partir dos termos em que a Lei Fundamental a positivou, nos quais a unicidade (art. 8º, II) e a própria contribuição sindical de natureza tributária (art. 8º, IV) — marcas características do modelo corporativista resistente —, dão a medida da sua relatividade (cf. MI 144, Pertence, RTJ 147/868, 874); nem impede a recepção questionada a falta da lei complementar prevista no art. 146, III, CF, à qual alude o art. 149, à vista do disposto no art. 34, §§ 3º e 4º, das Disposições Transitórias (cf. RE 146733, Moreira Alves, RTJ 146/684, 694).'*

5. Do exposto, com base no art. 38, da Lei n. 8.038, de 28 de maio de 1990, combinado com o § 1º, do art. 21, do RISTF, nego seguimento ao recurso extraordinário.

Publique-se."[26]

[26] RE 289.090-1-SP, de 19.4.2001 (Espólio de Marino Cechini *vs.* Confederação Nacional da Agricultura — CNA). Rel.: Min. Néri da Silveira (DJ n. 113-E, Seção 1, de 20.6.2001, p. 57). No mesmo sentido: RE 293.287-6-SP, de 2.5.2001 (Ronaldo Rodrigues Machado *vs.* Confederação Nacional da Agricultura — CNA). Rel.: Néri da Silveira (DJ n. 148-E, Seção 1, de 20.8.2001, p. 53); RE 289.076-6-SP, de 19.4.2001 (André Luiz Berlanga Mugnai *vs.* Confederação Nacional da Agricultura — CNA). Rel.: Min. Néri da Silveira. (DJ n. 116-E, Seção 1, de 25.6.2001, p. 48); AI 324.380-1-DF, de 7.3.2001 (João Deonísio Amorim e outros *vs.* Fundação Educacional do Distrito Federal — FEDF). Rel.: Min. Marco Aurélio (DJ n. 80-E, Seção 1, de 25.4.2001, p. 47); AI 321.485-9-DF, de 5.3.2001 (Leny Lima Lucessa Cândido e outros *vs.* Fundação Hospitalar do Distrito Federal — FHDF). Rel.: Min. Marco Aurélio (DJ n. 80-E, Seção 1, p. 40); AI 322.340-6-DF, de 7.3.2001 (Heloísa de Moraes R. Ferreira e outros *vs.* Federação Educacional do Distrito Federal — FEDF). Rel.: Min. Marco Aurélio (DJ n. 83-E, Seção 1, de 30.4.2001, p. 33).

5. SINDICATO — IMUNIDADE — SERVIÇOS A TERCEIROS

A matéria tratada no AGRG-RE 281.901-8-SP, em que é relator o Min. Néri da Silveira, julgado a 12.6.2001, versa sobre a incidência do ICMS sobre serviços gráficos prestados por entidade sindical a terceiros. Entendeu a Suprema Corte, por sua 2ª Turma, ser pertinente à cobrança.

A informação do julgado é a seguinte:

> *"A Turma manteve decisão do Min. Néri da Silveira, relator, que negara seguimento a recurso extraordinário interposto contra acórdão do Tribunal de Justiça do Estado de São Paulo, o qual afastara o direito de sindicato à imunidade prevista no art. 150, VI,* c, *da CF ('... é vedado à União, aos Estados, ao Distrito Federal e aos Municípios: ... VI — instituir impostos sobre: ... c) patrimônio, renda ou serviços dos partidos políticos, inclusive suas fundações, das entidades sindicais dos trabalhadores...'). Pretendia-se, na espécie, ver reconhecida a imunidade referente ao ICMS incidente sobre serviços gráficos prestados a terceiro. A Turma entendeu incidir, na espécie, o Verbete 279 da Súmula do STF — que não admite recurso extraordinário para simples reexame de prova — por considerar que o acórdão recorrido registrara que os serviços gráficos da recorrente estariam dissociados das suas atividades essenciais (CF, art. 150, VI, § 4º: 'As vedações expressas no inciso VI, alíneas* b *e* c, *compreendem somente o patrimônio, a renda e os serviços, relacionados com as finalidades essenciais das entidades nelas mencionadas.')".*[27]

[27] Informativo STF n. 232, de 20.6.2001, pp. 1-2.

O julgamento foi no sentido de negar provimento ao agravo regimental, nos seguintes termos:

> *"Recurso extraordinário desprovido. 2. ICMS. Imunidade tributária que alcança os materiais relacionados com o papel. Art. 150, VI,* d, *da Constituição Federal. Precedentes. 3. Agravo regimental em que se pretende o reexame da matéria, com base na alínea* c *do inciso VI do art. 150 da Constituição Federal, por se tratar de entidade sindical de trabalhadores. 4. Acórdão do Tribunal de origem que, com base em elementos probatórios dos autos, assentou que as impressões gráficas realizadas pelo Impetrante estão dissociadas de sua atividade essencial. Inviabilidade de reexame dos fatos e provas da causa em sede de recurso extraordinário. Súmula 279. 5. Agravo regimental a que se nega provimento."*[28]

---

[28] AGRG-RE 281.901-8-SP, de 12.6.2001 (Sindicato dos Empregados em Estabelecimentos Bancários de São Paulo, Osasco e Região *vs.* Estado de São Paulo). Rel.: Min. Néri da Silveira (DJ n. 157-E, Seção 1, de 31.8.2001, p. 61).

PARTE III

DIREITO PROCESSUAL

1. AÇÃO RESCISÓRIA — URP — DESCABIMENTO

Os diversos planos econômicos que, por longo período, tantos incômodos causaram à vida do povo brasileiro, têm ensejado um sucessivo e crescente número de ações rescisórias. Hoje, boa parte delas é submetida ao exame do C. TST e, vez por outra, algumas alcançam o Excelso Pretório[29].

No AI 321.503-9-MS, o relator, Min. Marco Aurélio, decidindo a 2.3.2001, demonstra o descabimento do apelo extremo quer porque não apontada violação ao art. 5º, XXXVI, da Carta Magna, quer porque, a teor do Enunciado n. 343 daquela Corte, descabe ação rescisória quando o *decisum* rescindendo tiver por base norma legal, cuja interpretação era controvertida nos tribunais.

A decisão do atual ilustre Presidente do STF tem o seguinte teor:

> *"Ação rescisória — Unidade de referência de preços de fevereiro de 1989 — Legislação — Interpretação controvertida. Recurso Extraordinário — Impropriedade — Agravo desprovido.*
>
> *1. O Tribunal Superior do Trabalho acolheu pedido formulado em recurso ordinário em ação rescisória ajuizada pela Fundação Universidade Federal de Mato Grosso do Sul, à luz de fundamentos assim sintetizados:*
>
> > *'URP de fevereiro de 1989 — Enunc. 83/TST. A autora deixou de fundamentar a ação rescisória na violação do art. 5º, XXXVI, da CF/88, única hipótese*

[29] V., sobre o tema, v. 3, p. 90, v. 4, p. 69.

que ensejaria a procedência da mesma, tendo em vista que a alegação de ofensa aos dispositivos de leis que tratam dos planos econômicos, pela controvérsia que despertam nos tribunais, atrai a incidência do Enunc. 83/TST e da Súmula 343 do STF.

Recurso provido (folha 108).'

No extraordinário cujo trânsito busca-se alcançar, interposto com alegada base na alínea a do permissivo constitucional, articula-se com o malferimento dos artigos 5º, incisos II e XXXVI, 167, inciso II e 169, da Carta Política da República. Discorre-se sobre o tema de fundo, defendendo-se a inexistência de direito adquirido ao reajuste relativo à Unidade de Referência de Preços de fevereiro de 1989. Sustenta-se a impertinência, à espécie, da orientação inserta no Verbete de n. 343 da Súmula desta Corte (folha 113 à 124).

O Juízo primeiro de admissibilidade disse da falta de prequestionamento (folhas 128 e 129).

Conforme certificado à folha 134, a Agravada não apresentou contraminuta.

2. Na interposição deste agravo, foram observados os pressupostos de recorribilidade que lhe são inerentes. A peça, subscrita por profissional da advocacia credenciado à folha 19, veio acompanhada dos documentos previstos no artigo 544, § 1º, do Código de Processo Civil e restou protocolada no prazo em dobro a que tem jus a Agravante.

A possibilidade de êxito da ação de impugnação autônoma que é a rescisória — a mitigar, até mesmo, a eficácia da coisa julgada — revela-se de excepcionalidade maior. Argüida a ofensa a certa legislação, indispensável é que não haja enfoques interpretativos diversos. Isso decorre do fato de a violência a lei, suficiente a respaldá-la, ser potencializada. É necessário que, ao primeiro exame, a decisão proferida conflite com a literalidade do preceito, o que não ocorre na hipótese dos autos. Conforme fez ver a Corte de origem, 'a ação rescisória telada não *veio amparada na violação do art. 5º, XXXVI, da CF/88, única hipótese que ensejaria a procedência da mesma, tendo em vista que a alegação de ofensa aos dispositivos das leis que tratam dos planos econômicos, pela controvérsia que despertam nos tribunais, atrai a incidência do Enunciado 83 desta Col. Corte e da Súmula 343 do STF, consoante a atual jurisprudência desta EG. Seção sobre a matéria' (fls. 109 e 110). Em síntese, o Colegiado concluiu que a rescisória esbarrou no Verbete n. 343 da Súmula desta Corte:*

> *'Não cabe ação rescisória por ofensa a literal dispositivo de lei quando a decisão rescindenda se tiver baseado em texto legal de interpretação controvertida nos tribunais.*

Em última análise, a rescisória não visa à ação de conhecimento na qual prolatada a decisão rescindenda, tampouco tem a amplitude própria aos recursos de natureza ordinária.

3. Por tais razões, conheço do pedido formulado neste agravo, mas a ele nego acolhida.

4. Publique-se."[30]

[30] AI 321.503-9-MS, de 2.3.2001 (Fundação Universidade Federal de Mato Grosso do Sul *vs.* Geralcina da Silva Rocha Nunes). Rel.: Min. Marco Aurélio (DJ n. 87-E, Seção 1, de 7.5.2001, p. 43).

2. AGRAVO DE INSTRUMENTO — INVIABILIDADE DE RECURSO EXTRAORDINÁRIO

O despacho adiante, da lavra do Min. Sepúlveda Pertence, proferido, a 15.8.2001, no AI 359.319-5-SP, espanca, em definitivo, a pretensão de interposição de recurso extraordinário tendo em conta, primeiro, ofensa reflexa às garantias constitucionais, e, segundo, possível violação ao art. 5º, II, da Constituição de 1988[31]. Tem o seguinte teor:

> *"Insurge-se o RE contra acórdão (fls. 52/54), que negou provimento ao agravo interposto da decisão que negara seguimento à revista, concluindo:*
>
> > *'Das decisões proferidas pelos Tribunais Regionais do Trabalho, ou por suas Turmas, em execução de sentença, inclusive em processo incidente de embargos de terceiro, não caberá o Recurso de Revista, salvo na hipótese de ofensa direta e literal de norma da Constituição Federal (CLT, art. 896, § 2º). Incidência dos Enunciados 210 e 266 do TST...'*
>
> *É inviável o RE. A decisão impugnada, ao negar provimento ao agravo, restringiu-se a aspectos de ordem processual, relativos aos pressupostos de admissibilidade do recurso de revista, nos termos das disposições trabalhistas aplicáveis; não se pronunciou sobre as questões de fundo suscitadas pelo recorrente: é firme a jurisprudência do STF no sentido de que não cabe recurso extraordinário, sob alegação de afronta indireta à Cons-*

[31] V., sobre o tema, v. 2, p. 102, v. 3, p. 71.

tituição, por má interpretação de dispositivos infraconstitucionais, dentre os quais os atinentes ao cabimento da revista trabalhista.

De qualquer forma, o RE, na questão de mérito, funda-se unicamente no princípio constitucional da legalidade (art. 5º, II), sabidamente imprestável para forçar a reinterpretação ou a verificação da existência de fonte da obrigação legal imposta à parte.

No mais, a jurisdição foi prestada, embora em sentido diverso do pretendido pelo recorrente, o que não caracteriza negativa de prestação jurisdicional ou afronta aos princípios constitucionais do devido processo legal, do contraditório e da ampla defesa.

O precedente invocado — RE 158.655, Marco Aurélio —, que admite o RE por ofensa reflexa às garantias constitucionais do processo legal, além de impertinente na espécie, está superado na própria Segunda Turma, de que promana (v.g. RE 195.182, 2ª T., Velloso, 17.4.98, Informativo 106; RE 201158, 2ª T., Jobim, 16.12.98, LEX 253/221).

Nego provimento ao agravo."[32]

[32] AI 359.319-5-SP, de 15.8.2001 (Goodyear do Brasil Produtos de Borracha Ltda. *vs.* Job Felipe de Souza). Rel.: Min. Sepúlveda Pertence (DJ n. 194, Seção 1, de 25.10.2001, p. 30).

3. COMPETÊNCIA

Importantes decisões sobre a competência do Poder Judiciário brasileiro, em seus diversos segmentos, o Excelso Pretório tem tomado[33]. A seguir, algumas decisões sobre esse tema.

A. Competência residual

É da Justiça do Trabalho a competência para apreciar as ações ajuizadas por servidores públicos que, embora admitidos após a Constituição de 1988, tenham sido contratados e dispensados antes do advento da Lei n. 8.112, de 11.12.1990. Neste sentido, decidiu o Excelso Pretório, por unanimidade, no CC n. 7.091-9-PE, de 8.11.2000, da lavra do eminente Min. Sydney Sanches, tendo a decisão o seguinte teor:

> *"Direito constitucional, administrativo, trabalhista e processual civil.*
>
> *Conflito de jurisdição: Tribunal Superior do Trabalho e Tribunal Regional Federal. Competência originária do STF.*
>
> *Reclamação trabalhista ajuizada perante a Justiça do Trabalho. Reclamante demitida antes do advento da Lei n. 8.112, de 11.12.1990. Reintegração ao serviço público. Competência residual da Justiça do Trabalho.*
>
> *1. A Reclamação Trabalhista, no caso, foi ajuizada a 22.11.1991, perante a Junta de Conciliação e Julgamento em Recife/PE.*
>
> *Nela, a reclamante alegou que fora contratada pela reclamada (Fundação Educar, depois sucedida pela União*

[33] V., a respeito, v. 2, p. 108, v. 3, p. 74, v. 4, p. 71.

Federal), a 20 de julho de 1987, e demitida a 30.5.1990, antes, portanto, do advento da Lei n. 8.112, de 11.12.1990, que dispôs sobre o regime jurídico dos servidores públicos civis da União, das autarquias e das fundações públicas federais, cujas alíneas d *e* e *do art. 240 foram declaradas inconstitucionais, por esta Corte, na ADIn 492-1/DF (Relator Ministro Carlos Velloso).*

2. Não chegou, então, a ser regida por essa lei, pois foi demitida a 30 de maio de 1990 e o que pleiteia é sua reintegração no emprego, com os salários e vantagens decorrentes dessa relação empregatícia.

3. Examinando situações como a focalizada nestes autos, o Supremo Tribunal Federal reconheceu a competência residual da Justiça do Trabalho.

4. Precedentes.

5. Conflito conhecido pelo STF, declarando a competência da Justiça do Trabalho."[34]

B. Descontos previdenciários e fiscais

A partir da Emenda Constitucional n. 20, de 15.12.1998, ampliou-se a competência da Justiça do Trabalho também para executar os créditos previdenciários decorrentes de suas próprias decisões (art. 114, § 3º, da Constituição)[35], da mesma forma como cabe o mesmo com relação ao Imposto sobre a Renda. Neste último caso, não se trata de previsão constitucional, mas de interpretação jurisprudencial, máxime a que consta do julgado unânime a seguir, que é o RE 196.517-7-PR, de 14.11.2000, da 2ª Turma do Excelso Pretório, da lavra do Min. Marco Aurélio.

Com efeito, trata-se de uma decisão esclarecedora e de largo alcance. No particular, ressalto que tenho sustentado, não raras vezes, a necessidade mesma de ampliação da competên-

---

[34] CC 7.091-9-PE, de 8.11.2000 [Tribunal Regional Federal da 5ª Região *vs.* Tribunal Superior do Trabalho. Interessadas: Sueli Pessoa Cavalcanti Lira e União Federal (Sucessora da Fundação Educar)]. Rel.: Min. Sydney Sanches (DJ n. 24-E, Seção 1, de 2.2.2001, p. 73).

[35] V., sobre o tema, v. 3, p. 75.

cia da Justiça do Trabalho. A meu ver, deveria esse segmento do Judiciário, que é especializado, ter competência para as questões previdenciárias em geral, acidentes de trabalho, crimes contra a organização do trabalho e todas as questões que envolvessem relação de trabalho, quer as de emprego privado, quer as públicas, bem como as de autônomas e todas as demais. Afinal, essa é sua verdadeira finalidade. Cabe ao Parlamento nacional atentar, e urgentemente, para esse aspecto de alta relevância social e de grande importância prática e social.

O *decisum*, que cuida da competência da Justiça do Trabalho para matéria previdenciária e fiscal, possui a seguinte ementa:

> *"Competência — Execução — Título Judicial Trabalhista — Descontos Previdenciário e do Imposto de Renda — Controvérsia. Cumpre à própria Justiça do Trabalho, prolatora do título judicial e competente para a execução respectiva, definir a incidência, ou não, dos descontos previdenciário e para o imposto de renda."*[36]

C. Indenização por acidente de trabalho

A decisão unânime da 2ª Turma do STF, a seguir, no AGRG-RE 269.309-0-MG, de 18.12.2000, sendo relator o Min. Nelson Jobim, conquanto decorrente de dificuldades relativas a contrariar o v. acórdão recorrido, traça novos parâmetros acerca da competência da Justiça do Trabalho, justo no sentido que referi acima.

Eis o decisório, *verbis*:

> *"Justiça do Trabalho. Competência para julgar ação de indenização por acidente de trabalho. Acórdão recorrido assenta em fundamento suficiente não impugnado no RE: precedente do STF. Incidência da Súmula 283. Regimental não provido."*[37]

---

[36] RE 196.517-7-PR, de 14.11.2000 (Trevo Seguradora S/A *vs.* Leandro Mariano). Rel.: Min. Marco Aurélio (DJ n.77-E, Seção 1, de 20.4.2001, p. 138).

[37] AGRG-RE 269.309-0-MG, de 18.12.2000 (Banco do Brasil S/A *vs.* Clayde Cristina Pereira). Rel.: Min. Nelson Jobim (DJ n. 39-E, Seção 1, de 23.2.2001, p. 123).

D. Relação jurídica regida pela CLT

A 2ª Turma do STF, por unanimidade, julgando, a 28.11.2000, o RE 212.118-5-SP, em que é relator o Min. Marco Aurélio decidiu que a Justiça do Trabalho é competente para julgar ações entre órgãos públicos e seus servidores, desde que estes sejam regidos pela CLT[38]. É a seguinte a ementa do julgado:

> *"Competência — Relação Jurídica Regida pela Consolidação das Leis do Trabalho — Origem do Direito. Tratando-se de relação jurídica regida pela Consolidação das Leis do Trabalho, a competência para julgar controvérsia entre servidor público e a administração é da Justiça do Trabalho pouco importando que a parcela em jogo esteja prevista em norma local. Define a competência a relação que aproxima o prestador do tomador dos serviços."*[39]

[38] V., sobre o tema, v. 3, p. 76, v. 4, p. 71.

[39] RE 212.118-5-SP, de 28.11.2000 (Departamento de Águas e Energia Elétrica — DAEE *vs.* Mauro Domingues e outros). Rel.: Min.: Marco Aurélio (DJ n. 77-E, Seção 1, de 20.4.2001, p. 139).

4. EMPRESA BRASILEIRA DE CORREIOS E TELÉGRAFOS — EXECUÇÃO — NECESSIDADE DE PRECATÓRIO

Todos sabem da imensa dificuldade que é fazer cumprir precatórios. No n. 7 da Parte III deste volume, trazemos várias decisões acerca desse tormentoso assunto.

A decisão adiante, proferida no RE 234.535-9-RS, de 29.3.2001, da lavra do Min. Marco Aurélio cuida desse polêmico tema, tendo como recorrente a Empresa Brasileira de Correios e Telégrafos[40]. No particular, a Suprema Corte tem assentado que a execução contra a EBCT somente se pode processar mediante precatório requisitório. Tem o seguinte teor:

> *"Empresa pública — Serviço público — Execução — Penhora — Admissibilidade — Precedentes do plenário — Recurso extraordinário — Conhecimento e provimento.*
>
> *1. Afasto o sobrestamento determinado à folha 124.*
>
> *2. O recurso extraordinário foi interposto, com alegada base na alínea a do permissivo constitucional, contra acórdão proferido pela Quinta Turma do Tribunal Superior do Trabalho que implicou o não-acolhimento de pedido formulado em agravo, pelos seguintes fundamentos:*
>
> > *'Na revista, a reclamada alega que seus bens são impenhoráveis, e que a execução deve ocorrer pela via do precatório. Aponta como violado o art. 100 da Carta Magna.*

[40] V., sobre o tema, v. 1, p. 106, v. 4, p. 87.

Analisando os presentes autos, verifica-se que o eg. Regional interpretou corretamente as normas que regulam a presente matéria. A violação há que estar ligada à literalidade do preceito, o que não foi demonstrado. Incide na espécie o Enunciado 221/TST.

Cumpre ressaltar que, em se tratando de acórdão proferido em agravo de petição, a admissibilidade da revista depende de ofensa direta à Constituição da República. Portanto, não preenchidos os pressupostos previstos na parte final do § 4º do art. 896 da CLT, aplica-se in casu, *o óbice do Enunciado 266/ TST (folha 85).'*

Articula-se com o malferimento dos artigos 5º, incisos II e LIV, 100 e 165, § 5º, da Carta Política da República, bem como do artigo 730 do Código de Processo Civil, insistindo-se em que a Recorrente, empresa pública exercente da atividade própria do Estado e tendo o patrimônio constituído de bens públicos, está sujeita aos princípios da universalidade e da anualidade orçamentária, bem como ao precatório como forma de execução de títulos judiciais, tudo em razão da impenhorabilidade dos bens. Discorre-se sobre a controvérsia, aludindo-se a precedentes jurisprudenciais (folha 87 à 100).

O Recorrido não apresentou contra-razões (certidão de folha 102), decorrendo o processamento do recurso de provimento dado a agravo.

3. Na interposição deste extraordinário foram observados os pressupostos gerais de recorribilidade. Os documentos de folhas 8 e 83 evidenciam a regularidade da representação processual e do preparo. No tocante à oportunidade, a decisão atacada restou veiculada no Diário de 30 de maio de 1997, sexta-feira (folha 86), ocorrendo a manifestação do inconformismo em 9 de junho imediato, segunda-feira (folha 87), no prazo assinado em lei.

O tema versado neste processo foi submetido ao Plenário desta Corte no julgamento dos Recursos Extraordinários de ns. 220.906, 225.011, 229.696, 230.051 e 230.072. Na ocasião, contra o meu entendimento, assentou a maio-

ria que a Empresa de Correios e Telégrafos tem direito à execução dos débitos trabalhistas via precatório, por ser entidade que presta serviço público.

4. Ante os precedentes do Plenário e ressalvando o entendimento pessoal, conheço do recurso e o provejo para, reformando o acórdão impugnado, determinar que se proceda à execução mediante precatório.

5. Publique-se."[41]

[41] RE 234.532-9-RS, de 29.3.2001 (Empresa Brasileira de Correios e Telégrafos — ECT *vs.* Plínio Fernando de Aguiar Filgueira). Rel.: Min. Marco Aurélio (DJ n. 90-E, Seção 1, de 14.5.2001, p. 522). No mesmo sentido: RE 235.698-8-MG, de 29.3.2001 (Empresa Brasileira de Correios e Telégrafos — ECT *vs.* Argentino José Souto). Rel.: Min. Marco Aurélio (DJ n. 90-E, Seção 1, de 14.5.2001, p. 522); RE 230.053-9-MG, de 28.3.2001 (Empresa Brasileira de Correios e Telégrafos — ECT *vs.* Ildeu Barbosa). Rel.: Min. Marco Aurélio (DJ n. 90-E, Seção 1, de 14.5.2001, p. 521).

5. LITIGÂNCIA DE MÁ-FÉ

Todos, no Brasil, costumam assinalar que o Poder Judiciário encontra-se assoberbado e, que, muitas vezes, as decisões são tardias. Isto, ao cabo, seria a própria negação da Justiça[42]. Procuram-se soluções e propostas inúmeras são oferecidas. No entanto, todos sabemos que o processo é difícil, e existem infinitos modos de fazer uma ação, por mais simples que seja, arrastar-se por longos e longos anos, lustros e décadas. A culpa seria do juiz? Seria do advogado? Seria das partes? Seria da lei? Isso, a meu ver, não importa. O povo brasileiro caracteriza-se por possuir um estranho e desnecessário espírito de litigiosidade[43].

Quanto mais tardar a decisão final e irrecorrível, quanto mais for possível retardar o trânsito em julgado de um decisório, quanto mais lento for o caminho do processo, mais interessante, mais vibrante, e, lamentavelmente, mais, muito mais, injusto. Recorrer por recorrer tem sido o mote em muitas ações. Cominar a litigância de má-fé a quem recorrer de modo abusivo pode ser uma via, embora não surta os efeitos necessários, para tentar pelo menos reduzir esses meios de negar justiça ou impedir que ela seja realmente entregue.

Medidas de ordem legislativa recentes têm sido adotadas para diminuir essas demandas, de que é exemplo a Lei n. 10.358, de 27.12.2001, que, alterando o art. 14 do CPC, considera ato atentatório ao exercício da jurisdição também embaraçar a efetivação de provimento judiciário antecipatório ou final.

---

[42] Ruy Barbosa apontou esse aspecto no célebre discurso do Largo de São Francisco. V. *Barbosa, Ruy*. "Oração aos moços", Rio de Janeiro, Ouro, 1966, p. 105.

[43] N. sent.: *Faria, José Eduardo*. "Os novos desafios da Justiça do Trabalho", São Paulo, LTr, 1995, p. 93 *passim*.

A decisão a seguir, proferida pelo Min. Marco Aurélio, a 16.4.2001, no AI 290.222-6-AM, bem demonstra a vontade premente de superarmos essa sede de recursos protelatórios. Tem o seguinte teor:

"Recurso Extraordinário — Controvérsia sobre cabimento de recurso — Excepcionalidade não verificada — Agravo desprovido.

Litigância de má-fé — Multa e indenização.

1. O Tribunal Superior do Trabalho negou acolhida a pedido formulado em embargos, consignando:

(...) diante do quadro fático disponibilizado pelo Regional — no sentido de que o obreiro não exercia poderes de mando e gestão, bem assim que se subordinava às ordens emanadas pelas diretorias Regional e Administrativas do reclamado — a C. Turma julgadora aplicou à espécie orientação desta Corte Máxima Trabalhista, consubstanciada no Verbete sumular n. 232/TST, o qual estabelece que o trabalhador bancário sujeito à regra do art. 224, § 2º, da CLT, cumpre jornada de oito horas, sendo extraordinárias as laboradas além da oitava diária.

Por seu turno, ao despacho que deixou de admitir o recurso de embargos, outro caminho não restou, senão a mantença do julgado Turmário acima referido, por entender intacto o artigo 896, Consolidado.

Desta feita, vem o empregador, ora Agravante, sustentando que não foram consideradas outras premissas fáticas que também haviam sido delineadas pela Instância de prova, 'e que poderiam conduzir o enquadramento do demandante na exceção do art. 62, inciso II, da CLT', tais como, o exercício da função 'de diretor operacional, denominação dada ao gerente geral de agência bancária'.

Todavia, diferentemente do pretendido, não se tem como invocar a disposição contida no art. 62, II, Consolidado, ante a conclusão a que chegou a Ins-

tância Inferior de que o reclamante não detinha os amplos poderes — de mando, representação e substituição do empregador — de que cogita o mencionado artigo.

Assim, como já decidiu o despacho ora agravado (fl. 153) acerca do art. 62, II, da CLT, a incidência do verbete n. 232, acima erigido, em nada se choca com o preconizado pelo mencionado dispositivo consolidado, ante o desprezo que o ordenamento jurídico dá ao nomem juris *da função desenvolvida pelo empregado, sendo irrelevante que o empregador a tenha taxado como sendo* de confiança, *porque o que interessa para o direito são os fatos objetivamente conhecidos (folha 80).*

Os embargos de declaração que se seguiram foram desprovidos mediante o acórdão de folha 88 à 92.

No extraordinário de folha 94 à 99, interposto com alegada base na alínea a *do permissivo constitucional, articula o Banco com o malferimento dos artigos 5º, incisos XXXV e LV e 93, inciso IX, da Carta Política da República. Argúi a nulidade do julgado por negativa de prestação jurisdicional e cerceamento de defesa, em face da recusa do Colegiado em analisar a controvérsia à luz das* premissas materializadas pelo v. acórdão regional que autorizavam (...) o enquadramento do reclamante na hipótese do artigo 62, inciso II, da CLT *(folha 98). Sustenta que o Agravado era o gerente geral da agência (diretor operacional), autoridade máxima do local de trabalho, sendo irrelevante o fato de não contar com poderes para admitir, demitir ou promover empregados, pois tais funções ficam a cargo da organização administrativa da empresa.*

O Juízo primeiro de admissibilidade disse da natureza processual da discussão e registrou não ser absoluto o direito da parte à prestação jurisdicional (folhas 104 e 105).

No agravo de folha 2 a 8, aponta-se a índole constitucional do tema em debate, concernente a direitos e ga-

rantias constitucionais, e reafirma-se a ofensa aos preceitos citados, diante do vício de procedimento tido por configurado.

Conforme certificado à folha 109, o Agravado não apresentou contraminuta.

2. Na interposição deste agravo, foram observados os pressupostos de recorribilidade que lhe são inerentes. O Agravante providenciou o traslado das peças previstas no artigo 544, § 1º, do Código de Processo Civil, e os documentos de folhas 9 e 59 evidenciam a regularidade do preparo e da representação processual. Quanto à oportunidade, a decisão atacada restou veiculada no Diário de 14 de outubro de 1999, quinta-feira (folha 106), ocorrendo a manifestação do inconformismo em 25 imediato, segunda-feira (folha 2), no prazo assinado em lei.

Os reiterados pronunciamentos desta Corte são no sentido de somente admitir aberta a via excepcional do extraordinário estrito senso quando do acórdão proferido constar entendimento contrário a texto constitucional, não sendo esse o caso dos autos. O ora Agravante sucumbiu perante a Junta de Conciliação e Julgamento e o Regional. Admitida a revista, a Turma não a conheceu, e aí seguiram-se os embargos previstos no artigo 894 da Consolidação das Leis do Trabalho. A negativa de processamento gerou a interposição de agravo, alfim não acolhidos pela Seção de Dissídios Individuais, em acórdão devidamente fundamentado. Foram então interpostos embargos declaratórios que, desprovidos, porquanto inexistente qualquer dos vícios que os respaldam, deu origem ao recurso extraordinário, cujo trancamento não convenceu o Agravante que, assim, protocolou agravo. Está-se diante de hipótese reveladora da tentativa de transformar o Supremo Tribunal Federal em corte simplesmente revisora das decisões do Tribunal Superior do Trabalho, postergando-se o desfecho final de controvérsia que gira em torno de prestação alimentícia. Tenho o Banco como litigante de má-fé e valho-me do que venho sustentando a respeito:

> *'Cumpre aos jurisdicionados atentar para o verdadeiro sentido do acesso ao Judiciário, abandonan-*

do postura que, em última análise, tem como objeto a projeção, no tempo, do desfecho da controvérsia, do restabelecimento da paz social momentaneamente abalada. A impressão que fica é da aposta na morosidade da máquina judiciária, driblando-se as dificuldades encontradas para o imediato cumprimento da obrigação declarada no título judicial. Impõe-se tomada de posição a respeito, afastando-se o mal maior que é a apatia no ofício judicante; impõe-se atuação rigorosa em tais casos, acionando-se os artigos 14, 16, 17 e 18 do Código de Processo Civil, no que, em linha adotada pela legislação comparada, rechaçam a litigância de má-fé. O Judiciário, ante a interposição sucessiva de recursos sem uma justificativa latente, sem qualquer base legal a respaldar o inconformismo, está à beira do colapso, se é que ainda não podemos proclamá-lo. Recursos protelatórios, sem a mínima possibilidade de frutificar, em face, até mesmo, da jurisprudência predominante, hão de ser coibidos, reafirmando-se, sob o ângulo da eficácia, o primado do Judiciário. Inconcebível é o número de processos em tramitação, a maioria alcançando cinco anos, alguns ultrapassando um decênio, envolvendo, até mesmo, prestação alimentícia. Faz-se em jogo o Poder Judiciário e seus órgãos, o próprio Estado Democrático de Direito, no que perduram, durante nefasto espaço de tempo, conflitos de interesse, em verdadeiro estímulo à litigiosidade desenfreada. Por que observar espontaneamente certo interesse subordinante, na maior parte das vezes com desembolso do sempre escasso numerário, se é possível postergar o desfecho final da lide? É inimaginável que se chegue em um só ano judiciário, como ocorrerá no em curso (de 2000), à distribuição de mais de 80.000 processos no Supremo Tribunal Federal. Vale lembrar a advertência de Rui, ministrada em época na qual o quadro era outro: 'A justiça atrasada não é justiça, senão injustiça, qualificada e manifesta. Porque a dilação ilegal nas mãos do julgador contraria o direito escrito das partes, e assim, as lesa no patrimônio, honra e liberdade' — Elogios Acadêmicos e Orações de Paraninfo, Edição da "Revista de Língua Portuguesa", 1924, p. 381, em Luiz Rezende de Andrade Ribeiro — Dicionário de Conceitos e Pensamentos de Rui Barbosa — Edart — São Paulo — Livraria Editora Ltda. — 1967, p. 224. Os jurisdicionados precisam ser alertados pelos profissionais da advocacia sobre as conseqüências de insistir-se em enfoque discrepante do ordenamento jurídico em vigor; cabe aos representantes processuais acionar a independência técnica inerente à profissão e ressaltar, para a parte, a glosa com multa de até 1% e indenização passível de atingir 20% sobre o valor da causa devidamente corrigido, além da responsabilidade pelas despesas processuais, no caso de vir-se a 'deduzir pretensão ou defesa contra texto expresso de lei ou fato incontroverso'; a 'alterar a verdade dos fatos'; a 'usar do processo para conseguir objetivo ilegal'; a opor 'resistência injustificada ao andamento do processo'; a 'proceder de modo temerário em qualquer incidente ou ato do processo'; a 'provocar incidentes manifestamente infundados'; e, por último, ante os termos da recente Lei n. 9.668, de 23 de junho de 1998, a interpor 'recurso com intuito manifestamente protelatório' — incisos I a VII do artigo 17 do Código de Processo Civil, isso sem considerar-se a multa de até 10% relativa a embargos declaratórios que visem a retardar o fim do processo — artigo 538, parágrafo único, do Código de Processo Civil — e a resultante da interposição de agravo manifestamente infundado contra decisão de relator prolatada à luz do artigo 557 do Código de Processo Civil — § 2º nele inserto — no percentual máximo de 10% a incidir também sobre o valor da causa devidamente corrigido, a reverterem em benefício da parte prejudicada com os atos processuais extravagantes — redação decorrente da Lei n. 9.756, de 17 de dezembro de 1998.

Relembre-se que as regras punitivas acima mencionadas advêm do disposto no artigo 14 do Código de Processo Civil, preceito por muitos esquecido:

Art. 14. Compete às partes e aos seus procuradores:

I — expor os fatos em juízo conforme a verdade;

II — proceder com lealdade e boa-fé;

III — não formular pretensões, nem alegar defesa, cientes de que são destituídas de fundamento;

IV — não produzir provas, nem praticar atos inúteis ou desnecessários à declaração ou defesa do direito.

Observa-se, portanto, a existência de instrumental hábil a inibir-se manobras processuais procrastinatórias. Atento à sinalização de derrocada do Judiciário, sufocado por número de processos estranho à ordem natural das coisas, o Legislador normatizou. Agora, em verdadeira resistência democrática ao que vem acontecendo, compete ao Estado-juiz atuar com desassombro, sob pena de tornar-se o responsável pela falência do Judiciário. Cumpre-lhe, sem extravasamento, sem menosprezo ao dever de preservar o direito de defesa das partes, examinar, caso a caso, os recursos enquadráveis como meramente protelatórios, restabelecendo a boa ordem processual. Assim procedendo, honrará a responsabilidade decorrente do ofício, alfim, a própria toga.'

3. Pelas razões acima, conheço deste agravo e o desprovejo. Imponho ao Agravante a multa de 0,5% (meio por cento) e a indenização de 10% (dez por cento), ambas sobre o valor da causa devidamente corrigido, a reverterem em benefício do Agravado.

4. Publique-se."[44]

[44] AI 290.222-6-AM, de 16.4.2001 [Banco Comercial Bancesa S/A (em liquidação extrajudicial) *vs.* Enock Luniere Alves]. Rel.: Min. Marco Aurélio (DJ n. 120-E, Seção 1, de 29.6.2001, pp. 70-1). No mesmo sentido: AI 289.886-3-SP, de 2.4.2001 (FEPASA — Ferrovia Paulista S/A *vs.* César Augusto Gazingo). Rel.: Marco Aurélio (DJ n. 117-E, de 26.6.2001, pp. 29-30).

6. NEGATIVA DE PRESTAÇÃO JURISDICIONAL — AUSÊNCIA

Má apreciação da prova ou eventual injustiça da decisão proferida não caracterizam fundamento para interposição de recurso de revista, da mesma forma como o apelo extraordinário apenas tem cabimento quanto há ofensa direta, e não reflexa, à Carta Magna. Neste sentido, a decisão unânime da 2ª Turma do Excelso Pretório, no AGRG-AI 238.385-6-PR, de 21.11.2001, da lavra do Min. Celso de Mello, do seguinte teor:

> *"Agravo de Instrumento — Matéria Trabalhista — Aplicação de Enunciado do Tribunal Superior do Trabalho — Alegação de Negativa de Prestação Jurisdicional — Inocorrência — Ausência de Ofensa Direta à Constituição — Recurso Improvido.*
>
> *— O recurso de revista, no âmbito do processo trabalhista, qualifica-se como típico recurso de natureza extraordinária, estritamente vocacionado à resolução de questões de direito. Desse modo, e considerada a natureza extraordinária de que se reveste, o recurso de revista não se destina a corrigir a má apreciação da prova ou a eventual injustiça da decisão. Doutrina.*
>
> *O debate em torno da aferição dos pressupostos de admissibilidade do recurso de revista, notadamente quando o exame de tais requisitos formais apoiar-se em enunciados sumulares do Tribunal Superior do Trabalho, não viabiliza o acesso à via recursal extraordinária, por envolver discussão pertinente a tema de caráter eminentemente infraconstitucional. Precedentes.*
>
> *— A jurisprudência do Supremo Tribunal Federal, pronunciando-se em causas de natureza trabalhista, deixou*

assentado que, em regra, as alegações de desrespeito aos postulados da legalidade, do devido processo legal, da motivação dos atos decisórios, do contraditório, dos limites da coisa julgada e da prestação jurisdicional podem configurar, quando muito, situações de ofensa meramente reflexa ao texto da Constituição, circunstância essa que impede a utilização do recurso extraordinário.

Precedentes."[45]

[45] AGRG-AI 238.385-6-PR, de 21.11.2001 (Rede Ferroviária Federal S/A *vs.* Wilson dos Santos). Rel.: Min. Celso de Mello (DJ n. 106-E, Seção 1, de 8.6.2001, p. 7). No mesmo sentido: AGRG-AI 249.152-2-MG, de 21.11.2000 (Rede Ferroviária Federal S/A *vs.* Lorival de Paula). Rel.: Min. Celso de Mello (DJ n. 77-E, Seção 1, de 20.4.2001, p. 112); AGRG-RG 298.651-6-MS, de 13.3.2001 (Fundação Universidade Federal de Mato Grosso do Sul *vs.* Paulo Guimarães Dias e Rosinei Louzada Brum e outros). Rel.: Min. Celso de Mello (DJ n. 106-E, Seção 1, de 8.6.2001, p. 9).

7. PRECATÓRIO

Muitos problemas têm sendo criados com as execuções trabalhistas contra órgãos públicos, em face da exigência de precatório requisitório[46]. A seguir, estão transcritas algumas decisões sobre o tema: a impossibilidade de seqüestro dos valores devidos; a declaração de inconstitucionalidade de itens da Instrução Normativa n. 11/97 do C. TST; a desnecessidade de expedição de precatório para as chamadas obrigações de pequeno valor.

A. Crédito trabalhista. Impossibilidade de seqüestro

Tendo em conta que salário é alimento e alimento é indispensável à sobrevivência do homem, a fim de evitar o retardo no cumprimento das obrigações dos órgãos públicos, algumas vezes têm sido determinado o seqüestro das importâncias devidas aos trabalhadores. Essa providência, todavia, apesar de sua necessidade social, viola a Emenda Constitucional n. 30, consoante decidiu o Min. Maurício Corrêa, ao conceder, a 29.6.2001, liminar na Reclamação n. 1.876-8-SP — medida liminar, cuja decisão tem o seguinte teor:

> *"Trata-se de reclamação, com pedido de medida liminar, em que o Governador do Estado de São Paulo afirma que o Corregedor-Geral do Tribunal Superior do Trabalho desrespeitou a autoridade da decisão deste Tribunal proferida na ADIn 1.662-SP, ao julgar improcedentes dez reclamações correicionais contra decisões do Juiz Vice-Presidente do TRT da 15ª Região, que haviam determinado o seqüestro de recursos orçamentários em*

[46] V., sobre o tema, v. 2, p. 112, v. 4, p. 96.

contas públicas, para pagamento de precatórios oriundos de condenações trabalhistas impostas à Fazenda Estadual, e que se encontram apensadas por cópia aos presentes autos.

2. Alega que as decisões reclamadas fundamentaram-se no artigo 78, § 4º, do ADCT-88, com a redação da EC n. 30/2000. Assim, 'evidencia-se tentativa de restaurar, pela via de interpretação de dispositivo transitório, a eficácia do item III e do item XII da Instrução Normativa n. 11/97, aprovada pela Resolução n. 67, de 10.4.97, do Órgão Especial do Tribunal Superior do Trabalho, que uniformizava procedimentos para a expedição de precatórios e ofícios-requisitórios referentes às condenações decorrentes de decisões transitadas em julgado' (fl. 4). Em razão do resultado do julgamento da ADIn 1.662, lembra o reclamante que a Corregedoria Geral da Justiça do Trabalho editou, em 7.10.98, o Provimento n. 03, para 'determinar que os Tribunais Regionais do Trabalho se abstenham de autorizar o seqüestro da quantia necessária à satisfação do crédito, quando não houver a inclusão no orçamento de verbas relativas a precatórios, e quando houver pagamento a menor, sem a devida atualização, ou fora do prazo legal, eis que o Supremo Tribunal Federal, julgando a ADIn 1662-7, Medida Liminar, decidiu que esses casos não se equiparam à preterição'. (fls. 5/6).

3. Após tecer considerações sobre o conflito entre a interpretação e a literalidade da Constituição, que se teria gerado a partir da decisão da Justiça Especializada, e discorrer a respeito de princípios da administração pública, argumenta que 'o § 4º do artigo 78 do ADCT refere-se tão-somente às hipóteses onde é possível o parcelamento dos débitos em até dez parcelas anuais, hipóteses nas quais não se enquadram os precatórios originados de débitos de natureza alimentar, como o caso dos trabalhistas, o que decorre da ressalva expressa feita no caput *do artigo 78 do ADCT. E ainda, em se tratando das hipóteses que se enquadram nos §§ 1º, 2º, 3º e 4º do mencionado artigo 78, a hipótese de seqüestro que se mostra possível refere-se apenas aos valores suficientes ao pagamento da parcela* (prestação) *vencida e não à totalidade do crédito'. (fl. 9).*

4. Pondera ainda o reclamante que, como constou da fundamentação da decisão na medida cautelar da ADIn 1.662, uma vez efetivado o pretendido arresto de rendas públicas, aí sim se daria a ofensa ao direito de precedência dos credores com precatórios habilitados, em face da forçosa inobservância do rol de precatórios, vulnerando não só os direitos da Administração, mas os de todos os que se encontram na mesma relação (fl. 14).

5. Aduz, por fim, que o Estado tem de fazer frente a programas ligados às missões constitucionais, que podem ser inviabilizados por falta de recursos caso se concretizem os referidos seqüestros de verbas.

6. Requer a concessão de liminar, inaudita altera parte, *para suspender, até decisão final desta Reclamação, as ordens de seqüestro a que se reportou em sua inicial.*

7. É a síntese do necessário.

8. Decido.

9. Vê-se que esta Reclamação, requerida pelo Governador do Estado de São Paulo, tem por base o desrespeito à decisão deste Tribunal tomada na ADIMC n. 1.662, por ele proposta.

10. Note-se que em 7 de outubro de 1998 a Corregedoria Geral da Justiça do Trabalho editou o Provimento n. 03/98, disciplinando o cumprimento do que fora decidido por esta Corte na ADIMC n. 1.662. Todavia, o Presidente do TRT da 15ª Região determinou os mencionados seqüestros, com respaldo na interpretação dada pelo Tribunal Superior do Trabalho ao artigo 78, § 4º, do ADCT-88, acrescido pela EC n. 30/2000, quando do julgamento da Remessa Ex officio *em Mandado de Segurança (RXOFMS) n. 414.838/98.*

11. À primeira vista, tenho por plausível a tese esposada pelo reclamante de que a referida EC n. 30/2000 não autoriza o seqüestro de verbas para satisfação de precatório de natureza alimentar, fora dos casos em que não se obedeça a cronologia dos requisitórios, em nada alterando neste particular a solução adotada pelo Supremo Tribunal Federal na ADIn 1.662. Entretanto, a questão está a merecer melhor exame quando do julgamento do mérito, inclusive no tocante à admissão do instrumento da reclamação com relação a entidades autárquicas.

12. Ante a peculiaridade do caso, concedo a liminar requerida para suspender a execução das ordens de seqüestro destinadas à satisfação dos processos RC-734.100/2001-3, RC-734.101/2001-7, RC-734.102/2001-0, RC-734.103/2001-4 e RC-734.466/2001-9, dentre os relacionados à fl. 3, até o julgamento final da reclamação.

13. Deixo de fazê-lo com relação aos restantes, por não terem sido juntados os documentos a eles pertinentes. Ademais, determino o desentranhamento dos documentos de fl. 497 a 851, e sua devolução ao peticionário de fl. 54, por serem estranhos ao presente processo.

Comunique-se, intime-se e requisitem-se as informações. Após, dê-se vista ao Ministério Público Federal."[47]

B. Instrução Normativa n. 11/97-TST. ADIn

A Instrução Normativa n. 11/97, do C. TST cuida da uniformização de procedimentos para expedição de precatórios e ofícios requisitórios. A constitucionalidade de alguns de seus dispositivos foi questionada através da ADIn 1.662-7-SP.

A liminar foi apreciada pelo Pleno do STF, em sessão de 11.9.1997, tendo os seguintes termos:

[47] Reclamação n. 1.876-8-SP — medida liminar, de 29.6.2001 (Governador do Estado de São Paulo *vs.* Corregedor-Geral do Tribunal Superior do Trabalho). Rel.: Min. Maurício Corrêa (DJ n. 141-E, Seção 1, de 9.8.2001, pp. 62-3). No mesmo sentido: Reclamação n. 1.821-1-PR — medida liminar, de 2.4.2001 (Governador do Estado do Paraná *vs.* Presidente do Tribunal Regional do Trabalho da 9ª Região). Rel.: Min. Maurício Corrêa (DJ n. 69-E, Seção 1, de 9.4.2001, p. 7); Reclamação n. 1.958-6-RN, de 11.10.2001 (Governador do Estado do Rio Grande do Norte e Presidente da Fundação José Augusto *vs.* Presidente do Tribunal Regional do Trabalho da 21ª Região. Interessados: Maria José Venâncio de Souza e Silva e Wilson Góis Severiano). Rel.: Min. Maurício Corrêa (DJ n. 191, Seção 1, de 22.10.2001, pp. 13-14).

"O Tribunal, por unanimidade de votos, indeferiu o pedido de medida cautelar, relativamente aos itens 00I, 0II, 00V, 0VI, VII, VIII, 0IX, 00X, 0XI e XIII, da Instrução Normativa n. 11, de 10.4.97, do Tribunal Superior do Trabalho. Por unanimidade de votos, o Tribunal deferiu a cautelar e suspendeu, com eficácia ex nunc *e até final julgamento da ação, a vigência dos itens III e XII da mesma Instrução Normativa n. 11 /97 — TST. E, por maioria de votos, indeferiu a medida cautelar, relativamente ao item 0IV da Instrução Normativa n. 11/97 — TST, vencidos os Srs. Ministros Maurício Corrêa (Relator) e Nelson Jobim. Por unanimidade, o Tribunal deferiu, em parte, a medida cautelar quanto a alínea* b, *do item VIII da referida Instrução, dando às expressões 'correção de inexatidões materiais ou a retificação de erros de cálculo', constantes desse dispositivo, interpretação conforme a Constituição Federal, segundo a qual, a correção a que se refere o dispositivo citado somente deve referir-se a diferenças resultantes de erros materiais ou aritméticos ou de inexatidões dos cálculos dos precatórios, não podendo, porém, dizer respeito ao critério adotado para a elaboração do cálculo ou a índices de atualização diversos dos que foram utilizados em primeira instância. Votou o Presidente. Ausentes, justificadamente, os Srs. Ministros Carlos Velloso, Moreira Alves e Celso de Mello, Presidente . Presidiu o julgamento o Sr. Ministro Néri da Silveira (RISTF, art. 37, 00I)."*[48]

A decisão meritória foi tomada em sessão do Pleno, de 30.8.2001, encontrando-se o acórdão para lavratura. Tem o seguinte teor o registro:

"O Tribunal, por maioria de votos, rejeitou a prejudicialidade da ação direta de inconstitucionalidade, vencidos os Senhores Ministros Sepúlveda Pertence e o Presidente. Por unanimidade, julgou improcedente o pedido formulado na ação, quanto aos itens 00I, 0II, 00V, 0VI, VII, 0IX, 00X, 0XI e XIII, da Instrução Normativa n. 11,

[48] ADIn 1.662-7-SP — medida liminar, de 11.9.1997 (Governador do Estado de São Paulo *vs.* Tribunal Superior do Trabalho — TST). Rel.: Min. Maurício Corrêa (DJ n. 54-E, Seção 1, de 20.3.1998, p. 4).

de 10 de abril de 1997, do Tribunal Superior do Trabalho. Por maioria, julgou procedente o pedido formulado quanto aos itens III e XII, da referida instrução normativa, vencidos os Senhores Ministros Sepúlveda Pertence e o Presidente. Por unanimidade, o Tribunal julgou parcialmente procedente o pedido formulado na ação, quanto à alínea b do item VIII da Instrução Normativa n. 11/97-TST, fixando a interpretação, segundo a qual as diferenças agasalhadas são resultantes de erros materiais ou aritméticos, ou de inexatidão dos cálculos dos precatórios, não podendo, porém, dizer respeito ao critério adotado para a elaboração do cálculo ou a índices de atualização diversos dos que foram utilizados em primeira instância, salvo na hipótese de substituição por força de lei do índice aplicado. E, por maioria de votos, o Tribunal julgou procedente, em parte, o pedido formulado quanto ao item IV, vencidos os Senhores Ministros Carlos Velloso e o Presidente, para assentar o alcance único, segundo o qual o dispositivo não encerra obrigação para a pessoa jurídica. Falou pelo requerente o Dr. José Roberto de Moraes, Subprocurador-Geral do Estado. Ausente, justificadamente, o Senhor Ministro Néri da Silveira. Presidiu o julgamento Senhor Ministro Marco Aurélio."[49]

C. Obrigação de pequeno valor. Desnecessidade de expedição

Entendeu o Excelso Pretório que a Lei n. 10.099, de 19.12.2000, regulamentou o art. 100, § 3º, da Constituição, quanto à desnecessidade de expedição de precatório requisitório em casos de obrigações de pequeno valor. São vários os arestos neste sentido. A partir do RE 292.160-2-RS, relatado pelo Min. Sepúlveda Pertence, a 27.3.2001, firmou-se esse entendimento na Suprema Corte.

"Precatório: débito de pequeno valor: Lei n. 10.099/ 00: RE prejudicado.

[49] Cf. DJ n. 163-E, Seção 1, de 11.9.2001, p. 02.

Em face da aplicabilidade imediata da Lei n. 10.099/00 — que regulamentou o art. 100, § 3º, CF, ao definir as obrigações de pequeno valor excluídas pela norma constitucional da sistemática de pagamentos mediante expedição de precatórios —, desapareceu o objeto do recurso extraordinário, interposto contra decisão que, proferida antes do advento da referida lei, afirmara a necessidade dessa regulamentação."[50]

O julgado abaixo, que é o RE-293.231-1-RS, da 2ª Turma do STF, de 24.4.2001, da lavra do Min. Maurício Corrêa, é nesse sentido, *verbis*:

"Processual Civil. Obrigação de pequeno valor. Desnecessidade de expedição de precatório. Lei n. 10.099, de 19 de dezembro de 2000. Aplicação imediata. Artigo 462 do Código de Processo Civil.

1. Precatório. Obrigação de pequeno valor. A EC-20/98, ao acrescentar o § 3º ao artigo 100 da Constituição Federal, previu a possibilidade de pagamento de dívidas judiciais da Fazenda Pública, independentemente de precatório, mas remeteu à legislação ordinária a definição do que seria considerado como obrigação de pequeno valor.

2. Lei n. 10.099/00, superveniente à interposição do extraordinário. Norma de natureza processual, que definiu as obrigações de pequeno valor para os efeitos do disposto no artigo 100, § 3º, da Constituição Federal. Aplicação nos processos em curso, por constituir-se fato novo capaz de influir no julgamento da causa.

Recurso extraordinário conhecido e provido."[51]

---

[50] RE 292.160-2-RS, de 27.3.2001 (Iracema Cafruni *vs.* Instituto Nacional do Seguro Social — INSS). Rel.: Min. Sepúlveda Pertence (DJ n. 86-E de 4.5.2001, Seção 1, p. 40). No mesmo sentido: RE 296.306-2-RS, de 27.3.2001(Eugênio Aloysio Kipper *vs.* Instituto Nacional do Seguro Social — INSS). Rel.: Min. Sepúlveda Pertence (DJ n. 86-E, Seção 1, de 4.5.2001, p. 41).

[51] RE 293.231-1-RS, de 24.4.2001 (Bertholino Borges Barbosa e outros *vs.* Instituto Nacional do Seguro Social — INSS). Rel.: Min. Maurício Corrêa (DJ n. 91-E, Seção 1, de 18.5.2001, p. 61).

8. PREQUESTIONAMENTO — CERCEAMENTO DE DEFESA

O prequestionamento é indispensável ao conhecimento de recurso extraordinário[52]. O *decisum* abaixo, da lavra do Min. Marco Aurélio, proferido no AI 294.013-4-RS, a 2.4.2001, revela esse aspecto, mandando subir do apelo extremo. Tem o seguinte teor, *verbis*:

"Recurso Extraordinário — Controvérsia sobre Cabimento de Recurso — Excepcionalidade Verificada — Julgamento nos Autos de Agravo Provido.

Acórdão — Remissão aos Fundamentos da Sentença — Prequestionamento — Validade Jurídica.

1. A Subseção I Especializada em Dissídios Individuais do Tribunal Superior do Trabalho negou acolhida a pedido formulado em agravo, pelos fundamentos assim sintetizados:

'Agravo Regimental — Regime Compensatório de Horários — Hora Extra. De acordo com a atual e reiterada jurisprudência da Subseção Especializada em Dissídios Individuais, a decisão regional que adota os fundamentos da decisão de primeiro grau não preenche a exigência do prequestionamento, conforme previsto no Enunciado n. 297/TST (Enunciado n. 333/TST). Agravo regimental não provido' (folha 154).

No extraordinário de folha 158 à 165, interposto com alegada base na alínea a *do permissivo constitucional,*

[52] V., sobre o tema, v. 2, p. 123.

articula-se com o malferimento dos artigos 5º, incisos XXXV e LV e 93, inciso IX, da Carta Política da República. Discorre-se sobre o julgamento do recurso de revista pela Turma do Tribunal de origem, bem como dos declaratórios que se seguiram, sustentando-se que o não-conhecimento do recurso implicou negativa de prestação jurisdicional. Aponta-se que a conclusão sobre a ausência de prequestionamento quando na decisão há referência aos fundamentos da sentença também importa em recusa explícita da prestação jurisdicional, pois, ao respaldar-se a tese adotada, ficam mantidos os fundamentos como se transcritos fossem para o corpo do voto' *(folha 164).*

O Juízo primeiro de admissibilidade disse da natureza infraconstitucional da discussão e registrou não ser absoluto o direito da parte à prestação jurisdicional (folhas 170 e 171).

No agravo de folha 2 à 6, insiste-se em argüir o vício de procedimento e salienta-se não se poder asseverar ser de índole legal tema ligado à ampla defesa, ao devido processo legal e ao direito de jurisdição. Reafirma-se a violência direta aos artigos 5º, incisos XXXV e LV e 93, inciso IX, do Diploma Maior.

Conforme certificado à folha 175, o Agravado não apresentou contraminuta.

2. Na interposição deste agravo, foram observados os pressupostos de recorribilidade que lhe são inerentes. A Agravante providenciou o traslado das peças previstas no artigo 544, § 1º, do Código de Processo Civil, e os documentos de folhas 7, 14 e 118 evidenciam a regularidade do preparo e da representação processual. Quanto à oportunidade, a decisão atacada restou veiculada no Diário de 19 de novembro de 1999, sexta-feira (folha 172), ocorrendo a manifestação do inconformismo em 1º de dezembro imediato, quarta-feira (folha 2), no prazo assinado em lei.

Por vezes, a racionalização dos trabalhos judiciários tem levado órgãos julgadores a reportarem-se aos funda-

mentos da decisão confirmada. Esse procedimento, invariavelmente, vem sendo placitado pelo Supremo Tribunal Federal, no que conclui pela configuração do prequestionamento. Vê-se, na espécie, que o Tribunal Superior do Trabalho desviou-se desta óptica, consignando que se mostra imprestável, para considerar-se havido o debate e a decisão prévios sobre certo tema jurígeno, a remissão, pelo Regional, aos fundamentos da sentença. Há de adotar-se política judiciária que resulte na celeridade dos processos, sem, no entanto, surpreender a parte, cerceando-lhe o exercício do direito de defesa. A situação dos autos, à mercê da unidade do próprio Direito, é merecedora do crivo de Colegiado desta Corte.

3. Pelas razões acima, conheço do pedido formulado neste agravo e o acolho, a fim de assentar o enquadramento do extraordinário no permissivo da alínea a do inciso III do artigo 102 da Constituição Federal. Estando nos próprios autos as peças indispensáveis ao julgamento do citado recurso, autue-se, distribuindo-se na forma regimental, para, a seguir, colher-se o parecer da Procuradoria-Geral da República.

4. Publique-se."[53]

---

[53] RE 294.013-4-RS, de 2.4.2001 (Taurus Ferramentas Ltda. *vs.* Isidoro Natalício de Souza Franco). Rel.: Min. Marco Aurélio (DJ n. 117-E, Seção 1, de 26.6.2001, p. 31).

9. PRESCRIÇÃO — MUDANÇA DE REGIME

Outro tema polêmico, freqüentemente examinado pelo STF, é relativo à prescrição quanto à mudança de regime jurídico[54]. O *decisum* abaixo, proferido no AI 321.083-2-DF, de 5.3.2001, pelo Min. Marco Aurélio, assinala que o prazo prescricional para postular quaisquer direitos decorrentes dessa mudança prescreve em dois anos. Tem o seguinte teor:

> *"Prescrição — Biênio — Passagem do Regime da Consolidação das Leis do Trabalho para o Regime Jurídico Único — Tema de Índole Constitucional — Agravo Provido.*
>
> *1. O Tribunal Superior do Trabalho negou acolhida a pedido formulado em agravo, pelos fundamentos assim sintetizados:*
>
> > *'Agravo de Instrumento. Desprovimento. Prescrição. Mudança de regime. Servidor da FEDF. Decisão em consonância com iterativa jurisprudência da C. SDI. A prescrição a que se refere o art. 7º, XXIX, letra a, da Constituição Federal, é de dois anos quando da ruptura do contrato de trabalho. Descabe a pretensão dos reclamantes em verem aplicada a prescrição qüinqüenal. É pacífica a jurisprudência neste C. TST no sentido da ruptura do contrato de trabalho*

[54] V., sobre o tema, v. 3, p. 88, v. 4, p. 100.

quando da transposição do regime jurídico dos servidores públicos de celetista para estatutário. Não demonstrando os agravantes violação a dispositivo constitucional ou legal, ou mesmo conflito jurisprudencial, é de se negar provimento ao agravo de instrumento' (folha 94).

No extraordinário cujo trânsito buscam alcançar, interposto com alegada base na alínea a do permissivo constitucional, articulam os Recorrentes com o malferimento dos artigos 5º, inciso XXXVI, 7º, inciso XXIX e 39, § 2º, da Carta Política da República. Sustentam que os trabalhadores regidos pela Consolidação das Leis do Trabalho tinham prazo prescricional de dois anos, enquanto os servidores públicos, de cinco, na forma do disposto no Decreto n. 20.910/32, posteriormente confirmado na Lei n. 8.112/90.

Com a superveniência da atual Constituição, mostrara-se perceptível, de acordo com os Recorrentes, a intenção de ampliar-se esse prazo, para que o empregado da área privada pudesse também se beneficiar com os cinco anos, ficando mantido o lapso anterior, de dois anos, apenas para as hipóteses de extinção do contrato de trabalho. Tanto isso é verdade, que a regra do artigo 7º, inciso XXIX, do Diploma Maior não se aplica, segundo tal raciocínio, em relação aos servidores públicos, como se depreende do teor do artigo 39, § 2º. Os Recorrentes discorrem sobre o tema, defendendo a impossibilidade de decretar-se a prescrição extintiva em hipótese de mudança de regime jurídico, 'uma vez que não decorreram cinco anos entre a lesão de direito e o ajuizamento da ação, e o prazo prescricional de dois anos, previsto na parte final da letra, além de inaplicável ao servidor público, diz respeito a situações em que ocorre o desligamento, o rompi-

mento do vínculo, e não as situações em que o vínculo trabalhista transforma-se em estatutário' (folha 102). A se permitir essa conclusão, continuam os Agravantes, significaria admitir que uma da partes, no caso, o Estado, pudesse, unilateralmente, dispor sobre o prazo prescricional da outra, o servidor *(folha 102). Prosseguem aludindo à não-caracterização da coisa julgada argüida pela Corte de origem.*

O Juízo primeiro de admissibilidade disse da natureza infraconstitucional da discussão (folha 134).

A Agravada apresentou a contraminuta de folha 143 à 167.

2. Na interposição deste agravo foram observados os pressupostos de recorribilidade que lhe são inerentes. Os Agravantes providenciaram o traslado das peças previstas no artigo 544, § 1º, do Código de Processo Civil e os documentos de folhas 53 à 62, 137 e 138 evidenciam a regularidade da representação processual e do preparo. Quanto à oportunidade, a decisão atacada restou veiculada no Diário de 10 de abril de 2000, segunda-feira (folha 136), ocorrendo a manifestação do inconformismo em 24 imediato, segunda-feira (folha 2), após os feriados da Semana Santa, no prazo assinado em lei.

As razões expendidas pelos Agravantes mostram-se relevantes. Não se está diante de hipótese em que a Corte de origem haja ficado restrita ao exame do recurso de revista à luz do artigo 896 da Consolidação das Leis do Trabalho. Ao reverso, interpretou o inciso XXIX do artigo 7º da Constituição Federal, concluindo que, mesmo no caso de continuidade da prestação dos serviços, da subordinação do prestador ao tomador, o termo inicial do biênio é o previsto no dispositivo constitucional. Trata-se, assim, de tema a ser enfrentado pelo Supremo Tribunal

Federal na atividade que lhe é pertinente, ou seja, a de revelar o real alcance da Carta da República, preservando-a como diploma maior.

3. Dou provimento a este agravo para determinar o processamento do extraordinário."[55]

[55] AI 321.083-2-DF, de 5.3.2001 (Gardênia dos Santos e outros *vs.* Fundação Educacional do Distrito Federal — FEDF). Rel.: Min. Marco Aurélio (DJ n. 78-E, Seção 1, de 23.4.2001, pp. 35-6). No mesmo sentido: AI 335.644-9-DF, de 5.4.2001 (Gilda Carrijo e outros *vs.* Fundação Hospitalar do Distrito Federal — FHDF). Rel.: Min. Marco Aurélio (DJ n. 109-E, Seção 1, de 13.6.2001, p. 29); AI 340.138-5-DF, de 5.4.2001 (Maria Marizete Falcão e outros *vs.* Fundação Educacional do Distrito Federal — FEDF). Rel.: Min. Marco Aurélio (DJ n. 115-E, Seção 1, de 22.6.2001, p. 68); AI 340.313-7-DF, de 5.4.2001 (Maria Rita de Almeida e outros *vs.* Fundação Educacional do Distrito Federal — FEDF). Rel.: Min. Marco Aurélio (DJ n. 116-E, Seção 1, de 25.6.2001, p. 25); AI 338.780-4-DF, de 6.4.2001 (José Wilson do Bonfim Lopes e outros *vs.* Fundação Hospitalar do Distrito Federal — FHDF). Rel.: Min. Marco Aurélio (DJ n. 118-E, Seção 1, de 27.6.2001, p. 33); AI 307.825-2-DF, de 9.3.2001 (Filomila Boquady Barros e outras *vs.* Fundação Educacional do Distrito Federal — FEDF). Rel.: Min. Marco Aurélio (DJ n. 88-E, Seção 1, de 8.5.2001, pp. 124-5); AI 316.257-2-DF, de 5.3.2001 (Maria do Socorro Cardoso Lopes e outros *vs.* Fundação Educacional do Distrito Federal — FEDF). Rel.: Min. Marco Aurélio (DJ n. 88-E, Seção 1, de 8.5.2001, p. 142); AI 329.927-9-DF, de 14.3.2001 (Francisco Ferreira Nobre e outros *vs.* Fundação Hospitalar do Distrito Federal — FHDF). Rel.: Min. Marco Aurélio (DJ n. 90-E, Seção 1, de 14.5.2001, p. 337); AI 351.217-9-DF, de 30.5.2001(Francisco Silvestre de Sena e outros *vs.* Fundação Hospitalar do Distrito Federal — FHDF). Rel.: Min. Marco Aurélio (DJ n. 171, Seção 1, de 21.9.2001, p. 101); AI 347.906-7-MG, de 31.5.2001 (Magda Inez Gonçalves Tinoco *vs.* União). Rel.: Min. Marco Aurélio (DJ n. 171, Seção 1, de 21.9.2001, p. 94); AI 342.777-5-DF, de 26.4.2001 (Joaquim Laerte Alves Florindo e Outros *vs.* Fundação Educacional do Distrito Federal — FEDF). Rel.: Min. Marco Aurélio (DJ n. 149-E, Seção 1, de 21.8.2001, p. 67); AI 339.678-5-DF (Leila Magalhães Santos e outros *vs.* Fundação Educacional do Distrito Federal — FEDF). Rel.: Min. Marco Aurélio (DJ n. 151-E, Seção 1, de 23.8.2001, pp. 26-7).

10. RECURSO DE REVISTA — PRESSUPOSTOS DE ADMISSIBILIDADE

A decisão a seguir, da lavra do Min. Carlos Velloso, proferida no RE 293.932-3-RJ, a 25.6.2001, cuida dos pressupostos de admissibilidade do recurso de revista que não cabe em casos de má apreciação da prova, eventual injustiça da sentença e necessidade de autenticação de peças, afora abordar matéria prescricional de tema de ordem infraconstitucional.

O decisório, apontando esses pressupostos, é relevante à medida em que demonstra os argumentos que podem ser utilizados, a fim de ver admitido o recurso de revista interposto contra decisão de Tribunal Regional do Trabalho ao C. TST.

Tem o seguinte teor, *verbis*:

"Vistos.

Autos conclusos em 20.6.2001.

Decido.

O ilustre Subprocurador-Geral da República, Dr. Roberto Monteiro Gurgel Santos, oficiando nos autos, assim equacionou a controvérsia:

'(...)

Trata-se de recurso extraordinário interposto de acórdão em que se discute: a) a aferição dos pressupostos de admissibilidade do recurso de revista, nos termos enunciados em Súmulas do Tribunal Superior do Trabalho; b) as alegações de desrespeito aos postulados da legalidade, do devido processo legal, da motivação dos atos decisórios, do contraditório, dos limites da coisa julgada e da prestação jurisdicional; c) a controvérsia em torno da ausência de autenticação de peças do agravo; d) o prazo prescricional.

Esse Colendo Supremo Tribunal Federal, no julgamento do AG n. 268.336, Rel. Min. Celso de Mello (DJ 23.3.01), assentou:

'O recurso de revista, no âmbito processual trabalhista, qualifica-se como típico recurso de natureza extraordinária, estritamente vocacionado à resolução de questões de direito. Desse modo, e considerada a natureza extraordinária de que se reveste, o recurso de revista não se destina a corrigir a má apreciação da prova ou a eventual injustiça da decisão. Doutrina.

O debate em torno da aferição dos pressupostos de admissibilidade do recurso de revista, notadamente quando o exame de tais requisitos formais apoiar-se em enunciados sumulares do Tribunal Superior do Trabalho, não viabiliza o acesso à via recursal extraordinária, por envolver discussão pertinente a tema de caráter eminentemente infraconstitucional. Precedentes.

A jurisprudência do Supremo Tribunal Federal, pronunciando-se em causas de natureza trabalhista, deixou assentado que, em regra, as alegações de desrespeito aos postulados da legalidade, do devido processo legal, da motivação dos atos decisórios, do contraditório, dos limites da coisa julgada e da prestação jurisdicional podem configurar, quando muito, situações de ofensa meramente reflexa ao texto da Constituição, circunstância essa que impede a utilização do recurso extraordinário. Precedentes.'

Por outro lado, quanto à ausência da autenticação das peças do agravo, essa Egrégia Corte no julgamento do RE n. 234.388, Sessão Plenária, Rel. Min. Maurício Corrêa (DJ 25.6.99, p. 34), decidiu:

'Recurso Extraordinário. Trabalhista. Autenticação de peças processuais trasladadas para o Agravo de Instrumento. Instrução Normativa n. 6/96, do TST. Entidade pública. Medida Provisória n. 1.542-30/98. Alcance de suas disposições. Matéria infraconstitucional.

1. Dispensa de autenticação de cópias reprográficas dos documentos apresentados em juízo por entidades públicas. Traslado das peças processuais que instruem o agravo de instrumento. Comprovação de sua autenticidade. Exigência imposta pela Justiça do Trabalho. Matéria afeta à legislação processual que disciplina a interposição de recursos perante a Corte Especializada.

2. Hipótese em que o Tribunal Superior do Trabalho entendeu que a previsão contida na Medida Provisória n. 1.542-30/98 diz respeito unicamente à possibilidade que têm os entes públicos de autenticarem quaisquer documentos, desde que lhes sejam peculiares, sob pena de extravasar a competência de outros órgãos.

Recurso extraordinário não conhecido.'

Finalmente, no julgamento do AG n. 272.548, Rel. Min. Celso de Mello (DJ 18.8.00, p. 105), firmou-se o entendimento no sentido de que '... a controvérsia referente a prazo prescricional, qualifica-se como tema de caráter eminentemente infraconstitucional, não autorizando, em conseqüência, a utilização do apelo extremo... .'

Ante o exposto, considerando os precedentes acima aludidos, no que pertinentes ao presente caso, opina o Ministério Público Federal pelo não conhecimento do recurso.

(...)' (fls. 80/82).

Está correto o parecer, que adoto. Em conseqüência, nego seguimento ao recurso (arts. 557, caput, *do CPC, 38 da Lei n. 8.038/90 e 21, § 1º, do RI/STF).*

Publique-se."[56]

[56] RE 293.932-3-RJ, de 25.6.2001 (Banco Real S/A *vs.* Sílvia Ramalho Patrizi). Rel. Min. Carlos Velloso (DJ n. 175, Seção 1, de 27.9.2001, p. 54). No mesmo sentido: RE 187.721.9-SP, de 25.6.2001 (Francisco Antônio da Silva *vs.* Município de São Bernardo do Campo). Rel.: Min. Sydney Sanches (DJ n. 175, Seção 1, de 27.9.2001, p. 40); RE 233.994-9-DF, de 27.6.2001 (Delta Engenharia Indústria e Comércio Ltda. *vs.* Edmilson Ribeiro Rodrigues). Rel.: Min. Carlos Velloso (DJ n. 175, Seção 1, de 27.9.2001, p. 42); RE 249.385-6-RS, de 27.6.2001 (Serviço Federal de Processamento de Dados — SERPRO *vs.* José Irineu Faleiro). Rel.: Min. Carlos Velloso (DJ n. 175, Seção 1, de 27.9.2001, p. 43); RE 254.242-3-SP, de 25.6.2001 (Philips do Brasil Ltda. *vs.* Claudete Brizotto). Rel.: Min. Carlos Velloso (DJ n. 175, Seção 1, pp. 43-4); RE 295.705-4-SP, de 25.6.2001 (Guarapiranga Golf & Country Club *vs.* Orestes Emílio Vadeki Júnior). Rel.: Min. Carlos Velloso (DJ n. 167, Seção 1, de 17.9.2001, pp. 63-4); RE 285.045-4-SP, de 25.6.2001 (Termomecânica São Paulo S/A *vs.* José Maria da Silveira). Rel.: Min. Carlos Velloso (DJ n. 168, Seção 1, de 18.9.2001, p. 89); RE 279.836-3-RS, de 25.6.2001 (Companhia Estadual de Energia Elétrica — CEEE *vs.* Décio Rosa de Oliveira). Rel.: Min. Carlos Velloso (DJ n. 169, Seção 1, de 19.9.2001, pp. 53-4); RE 283.927-2-RS, de 26.6.2001 (Instituto Nacional do Seguro Social — INSS *vs.* Romeu Slaviero). Rel.: Min. Carlos Velloso (DJ n. 169, Seção 1, de 19.9.2001, pp. 54-5); RE 287.991-6-SP, de 25.6.2001 (Sindicato dos Trabalhadores nas Indústrias Metalúrgicas Mecânicas e de Material Elétrico de São Paulo *vs.* Benedito Marques Ballouk Filho). Rel.: Min. Carlos Velloso (DJ n. 169, Seção 1, de 19.9.2001, p. 55); RE 223.484-8-BA, de 28.6.2001 (Banco Bamerindus do Brasil S/A *vs.* José Antonio Zacalusni). Rel.: Min. Carlos Velloso (DJ n. 170, Seção 1, de 20.9.2001, pp. 53-4); RE 281.489-0-RJ, de 25.6.2001 (Banco Nacional S/A *vs.* Alderico Romagna). Rel.: Min. Carlos Velloso (DJ n. 170, Seção 1, de 20.9.2001, p. 59); RE 252.372-1-CE, de 27.6.2001 (Companhia Estadual de Desenvolvimento Agrário e de Pesca — CEDAP *vs.* Nancy Gentil Furtado e outros). Rel.: Min. Carlos Velloso (DJ n. 172, Seção 1, de 24.9.2001, p. 49); RE 300.017-9-SP, de 25.6.2001 (Companhia de Saneamento Básico do Estado de São Paulo — SABESP *vs.* Andréa de Oliveira Prates). Rel.: Min. Carlos Velloso (DJ n. 172, Seção 1, de 24.9.2001, p. 64); RE 222.976-4-SP, de 27.6.2001 (Volkswagen do Brasil Ltda. *vs.* Waldemar Júlio Barozzi). Rel.: Min. Carlos Velloso (DJ n. 173, Seção 1, de 25.9.2001, p. 77); RE 230.933-9-SP, 25.6.2001 (Maria Salete Costa Queiroz e outros *vs.* Nossa Caixa — Nosso Banco S/A). Rel.: Min. Sydney Sanches (DJ n. 174, Seção 1, de 26.9.2001, p. 47).

PARTE IV

SERVIÇO PÚBLICO

1. ACUMULAÇÃO DE CARGOS

A questão relativa à acumulação de cargos, empregos ou funções públicas é altamente controvertida. Julgando o RE 141.376-0-RJ, relatado pelo Min. Néri da Silveira, assentou a 2ª Turma da Suprema Corte que inexiste acumulação quando se tratar de percepção de proventos de aposentadoria. Significa, então, que o servidor público aposentado pode continuar a exercer atividades, sem que incorra em vulnerar o Texto Constitucional. No particular, aliás, tenho sustentado, desde há muito, que a aposentadoria, no que refere à atividade privada, sequer é causa para a ruptura da relação de emprego[57].

A informação a respeito do julgamento é a seguinte:

> *"Considerando que a CF/88, nas hipóteses em que admite a acumulação de cargos, empregos ou funções, veda a percepção remunerada resultante de três posições no serviço público, incluindo-se aquela decorrente de aposentadoria, a Turma deu provimento a recurso extraordinário para reformar acórdão do Tribunal de Justiça do Estado do Rio de Janeiro que reconhecera o direito de servidor público a acumular os vencimentos do cargo de médico do Estado e do cargo de professor adjunto da Universidade Estadual do Rio de Janeiro — UERJ, com os proventos de outro cargo de médico, sob o entendimento de que a vedação constante da CF não abrange os proventos de aposentadoria (CF, arts. 37: '... XVI — é vedada a acumulação remunerada de serviços públicos, exceto, quando houver compatibilidade de horários, observado em qualquer caso o disposto no inciso*

[57] V., a respeito, o meu "Globalização & desemprego: mudanças nas relações de trabalho", São Paulo, LTr, 1998, pp. 13-9.

XI: a) a de dois cargos de professor; b) a de um cargo de professor com outro, técnico ou científico; c) a de dois cargos privativos de médico; XVII — a proibição de acumular estende-se a empregos e funções...'). Precedentes citados: RE 163.204-SP (DJU 15.3.96) e RE 141.730-SP (DJU 3.5.96)."[58]

[58] Informativo STF n. 244, de 10.10.2001, p. 2, com decisão prolatada pelo Min. Néri da Silveira, no RE 141.376-0-RJ, de 2.10.2001 (Estado do Rio de Janeiro *vs.* Guilherme de Sampaio Ferraz), publicada no DJ n. 178, Seção 1, de 2.10.2001, p. 21.

2. AGÊNCIAS REGULADORAS — PESSOAL CELETISTA — ADIN

As agências reguladoras surgiram no Brasil a partir do processo de privatização. São diversas, como demonstra o aresto a seguir, e a questão trabalhista que tem sido colocada é acerca do regime jurídico e da arregimentação do seu pessoal[59].

No decisório adiante, proferido na ADIn 2.310-1-DF — medida liminar, a 19.12.2000, o Min. Marco Aurélio demonstra importantes aspectos da relação jurídica que envolvem os empregados dessas agências, a partir da inconstitucionalidade pretendida a dispositivos da Lei n. 9.986/2000.

Tem o seguinte teor o despacho que mandou dar prosseguimento à ADIn:

> *"Agências Reguladoras — Pessoal — Arregimentação — CLT — Pessoal da TELEBRÁS — Aproveitamento — Impropriedade — Liminar Deferida —* Ad Referendum *do Plenário.*
>
> *1. O Partido dos Trabalhadores ajuíza esta ação direta de inconstitucionalidade visando a fulminar os artigos 1º, 2º e parágrafo único, 12,* caput *e § 1º, 13 e parágrafo único, 15, 24,* caput *e inciso I, 27, 30 e 33 da Lei n. 9.986/2000, do seguinte teor:*
>
> *'Art. 1º As Agências Reguladoras terão suas relações de trabalho regidas pela Consolidação das*

---

59 Acerca desses entes, v. a excelente dissertação de Mestrado em Direito da Universidade da Amazônia — UNAMA, de *Arianne Brito Rodrigues Cal*, "As agências reguladoras no Direito brasileiro" (Belém, 2001), onde é realizada minuciosa análise do tema.

Leis do Trabalho, aprovada pelo Decreto-lei n. 5.452, de 1º de maio de 1943, e legislação trabalhista correlata, em regime de emprego público.

Art. 2º Ficam criados, para exercício exclusivo nas Agências Reguladoras, os empregos públicos de nível superior de Regulador, de Analista de Suporte à Regulação, os empregos de nível médio de Técnico em Regulação e de Técnico de Suporte à Regulação, os cargos efetivos de nível superior de Procurador, os Cargos Comissionados de Direção — CD, de Gerência Executiva — CGE, de Assessoria — CA e de Assistência — CAS, e os Cargos Comissionados Técnicos — CCT, constantes do Anexo I.

Parágrafo único. É vedado aos empregados, aos requisitados, aos ocupantes de cargos comissionados e aos dirigentes das Agências Reguladoras o exercício de outra atividade profissional, inclusive gestão operacional de empresa, ou direção político-partidária, excetuados os casos admitidos em lei.

....

Art. 12. A investidura nos empregos públicos do Quadro de Pessoal Efetivo das Agências dar-se-á por meio de concurso público de provas ou de provas e títulos, conforme disposto em regulamento próprio de cada Agência, com aprovação e autorização pela instância de deliberação máxima da organização.

§ 1º O concurso público poderá ser realizado para provimento efetivo de pessoal em classes distintas de um mesmo emprego público, conforme disponibilidade orçamentária e de vagas.

....

Art. 13. Os Cargos Comissionados Técnicos são de ocupação privativa de servidores e empregados do Quadro de Pessoal Efetivo, do Quadro de Pessoal Específico e do Quadro de Pessoal em Extinção de que trata o art. 19 e de requisitados de outros órgãos e entidades da Administração Pública.

Parágrafo único. Ao ocupante de Cargo Comissionado Técnico será pago um valor acrescido ao salário ou vencimento, conforme tabela constante do Anexo II.

Art. 15. Regulamento próprio de cada Agência disporá sobre as atribuições específicas, a estruturação, a classificação e o respectivo salário dos empregos públicos de que trata o art. 2º, respeitados os limites remuneratórios definidos no Anexo III.

Art. 24. Cabe às Agências, no âmbito de suas competências:

I — administrar os empregos públicos e os cargos comissionados de que trata esta Lei; e

..

Art. 27. As Agências que vierem a absorver, no Quadro de Pessoal em Extinção de que trata o art. 19 desta Lei, empregados que sejam participantes de entidades fechadas de previdência privada poderão atuar como suas patrocinadoras na condição de sucessoras de entidades às quais esses empregados estavam vinculados, observada a exigência de paridade entre a contribuição da patrocinadora e a contribuição do participante, de acordo com os arts. 5º e 6º da Emenda Constitucional n. 20, de 15 de dezembro de 1998.

Parágrafo único. O conjunto de empregados de que trata o caput *constituirá massa fechada.*

Art. 30. Fica criado, no âmbito exclusivo da ANATEL, dentro do limite de cargos fixados no Anexo I, o Quadro Especial em Extinção, no regime da Consolidação das Leis do Trabalho, com a finalidade de absorver empregados da Telecomunicações Brasileiras S.A. — TELEBRÁS, que se encontrarem cedidos àquela Agência na data da publicação desta Lei.

§ 1º Os empregados da TELEBRÁS cedidos ao Ministério das Comunicações, na data da publicação desta Lei, poderão integrar o Quadro Especial em Extinção.

§ 2º As tabelas salariais a serem aplicadas aos empregados do Quadro Especial em Extinção de que trata o caput *são as estabelecidas nos Anexos IV e V.*

§ 3º Os valores remuneratórios percebidos pelos empregados que integrarem o Quadro Especial em Extinção, de que trata o caput*, não sofrerão alteração, devendo ser mantido o desenvolvimento na carreira conforme previsão no Plano de Cargos e Salários em que estiver enquadrado.*

§ 4º A diferença da remuneração a maior será considerada vantagem pessoal nominalmente identificada.

§ 5º A absorção de empregados estabelecida no caput *será feita mediante sucessão trabalhista, não caracterizando rescisão contratual.*

§ 6º A absorção do pessoal no Quadro Especial em Extinção dar-se-á mediante manifestação formal de aceitação por parte do empregado, no prazo máximo de quarenta e cinco dias da publicação desta Lei.

Art. 33. Os Procuradores Autárquicos regidos pela Lei n. 8.112, de 1990, poderão ser redistribuídos para as Agências, sem integrar o Quadro de Pessoal Específico, desde que respeitado o número de empregos públicos de Procurador correspondentes fixado no Anexo I' (folhas 3 e 4).

Em síntese, argúi o Requerente a impossibilidade de haver empregos públicos nas agências reguladoras, fazendo-o, primordialmente, com base no entendimento de que o exercício de função de fiscalização, inerente à atividade precípua do Estado, pressupõe prerrogativas não agasalhadas pelo contrato de trabalho, tal como previsto na Consolidação das Leis do Trabalho. Articula com o fato de esta ação direta de inconstitucionalidade estar ligada à de n. 2.135, na qual, juntamente com o Partido Democrático Trabalhista, o Partido Comunista do Brasil — PC *do B e o Partido Socialista do Brasil — PSB, questionou a validade da Emenda Constitucional n. 19, de 4 de junho de 1998. Sob tal ângulo, informa o defeito do processo legislativo, ressaltando, mais, a reintrodução, no cenário jurídico, da multiplicidade de regimes quanto à prestação de serviços à Administração Pública. Aponta vulnerados, pelo diploma legal em exame, os artigos 5º, 37, II e X, 39, § 1º, I, II e III, bem como o § 2º, 68, §§ 2º e 3º, 174, 175, parágrafo único e incisos I, II, III e IV, 247,* caput *e parágrafo único, todos da Constituição Federal. São apresentadas várias teses com fundamento nas seguintes premissas:*

a — da inconstitucionalidade da adoção do regime da Consolidação das Leis do Trabalho em autarquias executoras de serviços públicos típicos. Consoante o sustentado, as autarquias especiais — Agência Nacional de Telecomunicações — ANATEL, Agência Nacional de Vigilância Sanitária — ANVS, Agência Nacional de Energia Elétrica — ANEEL, Agência Nacional de Petróleo — ANP e Agência Nacional de Saúde Suplementar — ANS — desenvolvem atividade a envolver o poder de polícia, exercendo, ainda, função de agente normativo e regulador da atividade econômica, conforme depreende-se das Leis ns. 9.427/96-ANEEL; 9.472/97-ANATEL; 9.478/97-ANP; 9.782/99-ANVS; 9.961/2000-ANS (Agência Nacional de Saúde Suplementar). Ter-se-ia a contrariedade ao princípio da legalidade e da reserva legal, levando em conta direitos e deveres dos servidores públicos. Mencionam-se os votos proferidos pelos Ministros Carlos Velloso e Celso de Mello na Ação Direta de Inconstitucionalidade n. 492/DF, trazendo-se à baila lição de Celso Antônio Bandeira de Mello, em "Regime dos Servidores da Administração Direta e Indireta" e de Adilson Abreu Dallari, em "Regime Constitucional dos Servidores Públicos", sobre a supremacia da Administração Pública na relação mantida com os servidores. A óptica externada é no sentido de que as atividades exclusivas de Estado não podem ser atribuídas a prestadores de serviços submetidos à Consolidação das Leis do Trabalho, devendo haver a subordinação a estatuto próprio. Remete-se ao voto do Ministro Ilmar Galvão, na Ação Direta de Inconstitucionalidade n.

492, sobre o alcance do artigo 114 da Constituição Federal. É que funções de fiscalização e outras relativas ao serviço diplomático, desenvolvidas por delegados de polícia, por membros do Ministério Público e pela magistratura estariam a pressupor o regime estatutário, objetivando conferir, na dicção de Adilson Abreu Dallari, a autonomia funcional indispensável ao respectivo exercício;

b — da inconstitucionalidade da investidura em classe distinta da inicial. Na visão do Requerente, o artigo 12, § 1º, da Lei n. 9.986/2000 prevê o provimento de classes distintas de um mesmo emprego público, conforme disponibilidade orçamentária e de vagas. O preceito esvaziaria a carreira, contrariando, por isso mesmo, o teto dos artigos 39, § 1º e 37, II, da Constituição Federal. Evoca-se o que decidido no julgamento do Recurso Extraordinário n. 163.715;

c — da inconstitucionalidade do aproveitamento de servidores da extinta Telebrás. Assevera-se que houve o provimento derivado de cargos ou empregos públicos sem o concurso respectivo, em divergência com o inciso II do artigo 37 da Constituição Federal. Evoca-se o que decidido quando do julgamento da Ação Direta de Inconstitucionalidade n. 231-92 e do Recurso Extraordinário n. 163.715;

d — da inconstitucionalidade da delegação para fixar a remuneração. Afirma-se que a norma do artigo 15 da Lei n. 9.986, de 28 de julho de 2000, conflita com os artigos 37, X e 68 da Constituição Federal. Citaram-se os precedentes relativos às Ações Diretas de Inconstitucionalidade ns. 2.094 e 2.098 e ao Mandado de Segurança n. 21.662.

É requerida a concessão de liminar que implique o afastamento da eficácia dos preceitos, mencionando-se o concurso dos requisitos próprios — o risco de manter-se com plena eficácia os dispositivos e a relevância da articulação, porquanto o artigo 30, § 6º, da lei impugnada estaria a viabilizar, no prazo máximo de quarenta e cinco dias, a opção dos servidores pelo quadro especial da Agência Nacional de Telecomunicações — ANATEL. À inicial juntaram-se os documentos de folha 32 à 35.

Ocorreram os pronunciamentos prévios, na forma das peças de folhas 43 e 50, remetendo a informações acostadas. A manifestação do Legislativo é pela inexistência da relevância jurídica e do risco alegados, indicando-se apoio na lição de Ronaldo Poletti sobre a excepcionalidade da liminar no controle concentrado, sempre a pressupor a difícil reparação do quadro resultante da lei atacada. Alude-se à presunção de constitucionalidade que milita em prol de todo e qualquer diploma, citando-se o magistério de Paulo Fernando Silveira. Segundo a peça elaborada pelo advogado do Senado Federal, com a subscrição da Advogada-Geral — Dr. José Alexandre Lima Gazineo e Dra. Josefina Valle de Oliveira Pinha —, a Constituição Federal admite a existência de empregos públicos no âmbito autárquico, conforme depreende-se do inciso XI do artigo 37 dela constante.

As informações do Presidente da República reportam-se à peça da Advocacia-Geral da União. Sublinha-se o fato de a Constituição anterior haver previsto incumbir ao Presidente da República, observado o disposto nos artigos 97, § 1º e 108, § 2º, definir o regime jurídico dos servidores públicos da União, do Distrito Federal e dos Territórios. À luz do artigo 109 da Constituição de 1967, a par de contar-se com o Estatuto dos Funcionários públicos da União e dos Territórios — Lei n. 1.711/52 —, editara-se a Lei n. 6.185/74, estabelecendo a dualidade de regime jurídico para os servidores da Administração Federal direta e das autarquias, em razão das atribuições de que se incumbiam as categorias. Evoca-se recente alteração da Carta Federal, no que veio a ser afastado o critério do Regime Jurídico Único, passando a ter-se apenas a previsão no sentido de a União, os Estados, o Distrito Federal e os Municípios instituírem conselho de política de administração e remuneração de pessoal integrado por servidores designados pelos respectivos Poderes. A teor do artigo 61, § 1º, item III, alínea c, da Constituição Federal, dera-se o encaminhamento do projeto que resultara na lei em análise, oportunidade na qual não se tinha como de observância necessária o regime estatutário. O fato de tratar-se de atividades exclusivas de Estado não seria suficiente a infirmar a propriedade do regime trabalhista, ante o silêncio da Constituição Federal, no que apenas remete o trato da matéria a lei ordinária. Frisa-se que o próprio artigo 247 da Constituição Federal argüido pelo Requerente viabiliza a perda do cargo público pelo servidor estável. O artigo 19 do Ato das Disposições Constitucionais Transitórias beneficiara com a estabilidade todos os servidores, inclusive os submetidos ao regime laboral. O Legislativo teria optado pelo regime mais adequado à situação concreta. Esclarece-se que o vocábulo cargo *e as expressões* cargo de confiança *e* cargo efetivo *não são de uso exclusivo, considerado o regime estatutário. A Constituição Federal, ao aludir a emprego, estaria a contemplar a possibilidade de adoção do regime da Consolidação das Leis do Trabalho. Alude-se a lições doutrinárias — Diógenes Gasparini, Ivan Barbosa Rigolin, Toshio Mukai, Eurípedes Carvalho Pimenta e Celso Antônio Bandeira de Mello —, todos mencionados por Celso Ribeiro Bastos, em "Comentários à Constituição do Brasil". Também a Lei n. 9.962/2000 revelara a subordinação dos servidores públicos da Administração Federal direta, das autarquias e das fundações públicas ao referido regime. Esta Corte examinara situações concretas em que os servidores públicos não impugnaram a adoção do regime da Consolidação das Leis do Trabalho. Quanto ao ingresso em classes distintas de um mesmo emprego público, refuta-se a assertiva sobre o princípio da carreira. É que restara respeitado o artigo 37 da Constituição Federal, porquanto realizado o concurso público. A previsão impugnada respaldar-se-ia na premência de recrutar-se profissionais especializados e de notável experiência, o que não acontece no degrau primeiro do emprego público. Enfatiza-se que o ingresso ocorre na forma determinada em lei e, no caso, inexistiria norma discrepante da Constituição Federal. Relativamente à absorção de servidores da Telebrás na Anatel, diz-se do ajustamento funcional, bem como da necessidade de não se ter a ampliação em demasia dos quadros funcionais, onerando ainda mais os cofres públicos. Nas informações, cita-se a Lei n. 9.421, de 1966, criadora das carreiras dos servidores do Poder*

Judiciário, que viabilizou a transformação dos cargos, enquadrando-se os servidores de acordo com as respectivas atribuições e requisitos de formação profissional, fazendo-se a correlação entre a situação existente e a nova. Remete-se à definição de cargo de que cuida a Lei n. 3.780, de 1960, bem como a outros dispositivos, no que contemplada a transformação, em si. No julgamento da Ação Direta de Inconstitucionalidade n. 266-0-RJ, esta Corte admitira, em princípio, a transposição, conforme voto condutor do julgamento, da lavra do Ministro Octavio Gallotti, tal como quando da apreciação da Ação Direta de Inconstitucionalidade n. 1.591-5/RS. Ter-se-ia a colocação dos servidores aproveitados em quadro especial em extinção, adotando-se, assim, a cautela relativa à modificação verificada. No tocante à delegação almejando obter os parâmetros remuneratórios dos empregos das agências reguladoras — artigo 15 da Lei n. 9.986/2000 —, indica-se a impropriedade da alusão ao artigo 68 da Constituição Federal, no que versa sobre a elaboração de leis delegadas pelo Presidente da República. O artigo 15 estaria a reportar-se à remuneração estipulada em lei, especialmente considerados os limites, cabendo à agência apenas definir em regulamento a forma de definição, dadas as atribuições, estruturação e classificação próprias ao emprego. A lei seria 'exigida para fixar ou alterar a remuneração dos servidores públicos (art. 37, X, da CF), todavia não se vedou a autorização legislativa com parâmetros estipendiários naquela estabelecidos'.

Estes autos vieram-me conclusos, para exame, em 26 de setembro. Neles lancei visto, determinando a anexação da folha do relatório de andamento da Ação Direta de Inconstitucionalidade n. 2.135 e a ciência do Requerente e dos Requeridos, em 8 subseqüente (folha 77), designando, como data provável de julgamento o dia 18 de outubro.

2. Ante a passagem do tempo após a liberação dos autos, visando ao crivo do Plenário e em face da urgência, passo ao exame monocrático do pedido de concessão de medida acauteladora.

A preliminar argüida na inicial não repercute na apreciação do pedido de concessão de liminar. É que o cotejo da Lei n. 9.986, de 18 de julho de 2000, há de ser feito com a Constituição Federal, tal como em vigor, ou seja, com a alteração advinda da Emenda Constitucional n. 19, de 4 de junho de 1998. A Ação Direta de Inconstitucionalidade de n. 2.135, por meio da qual se ataca a citada Emenda, ainda não foi objeto de exame, não se podendo, pelo simples fato de haver sido ajuizada, sobrestar o andamento de todas as ações diretas de inconstitucionalidade que versem sobre o conflito de norma ordinária com os textos dela advindos. Enquanto não suspensa a eficácia da Emenda Constitucional n. 19, o teor respectivo obriga a todos, inclusive a esta Corte no exame de ações que lhe digam respeito. Muito embora não haja pedido efetivo de sobrestamento, consigno essa óptica, tendo em conta haver-se inserido, na inicial, item com o título de 'Preliminar — a ADIn 2.135'.

Conforme salientado na inicial à folha 16, a definição da possibilidade de ter-se a Consolidação das Leis do Trabalho como regedora das relações jurídicas entre as agências reguladoras e os respectivos prestadores de serviços surge como matéria prejudicial, tendo em conta o exame dos demais dispositivos da Lei n. 9.986/2000 a ela ligados. Inegavelmente, as agências reguladoras atuam com poder de polícia, fiscalizando, cada qual em sua área, atividades reveladoras de serviço público, a serem desenvolvidas pela iniciativa privada. Confira-se com os diplomas legais que as criaram, em que pese a própria razão de ser dessa espécie de autarquia. A problemática não se resolve pelo abandono, mediante alteração constitucional — Emenda 19/98 —, do sistema de regime jurídico único. Cumpre indagar a harmonia, ou não, da espécie de contratação, ante a importância da atividade e, portanto, o caráter indispensável de certas garantias que, em prol de uma atuação eqüidistante, devem se fazer presentes, considerados os prestadores de serviços. O tema não é novo e vem, de há muito, merecendo a atenção de constitucionalistas e administrativistas.

A Constituição Federal encerra dualidade. Ao lado da investidura em cargo, prevê aquela direcionada ao preenchimento de emprego público, jungindo ambas à aprovação prévia em concurso público de provas ou de provas e títulos, de acordo com a natureza e a complexidade do cargo ou emprego, na forma prevista em lei — inciso II do artigo 37 da Constituição Federal. Despiciendo é dizer da aplicabilidade do preceito às autarquias, no que integram a Administração indireta, sendo que, no tocante às sociedades de economia mista, às empresas públicas e às fundações de direito privado, não se pode falar na existência de cargo público. A razão é única: são pessoas jurídicas de direito privado. A dualidade prevista na Carta não coloca as investiduras em idêntico patamar, nem sugere a escolha a livre discrição. Nota-se a referência a emprego público apenas nas disposições gerais do Capítulo VII, voltado aos parâmetros da Administração Pública. Na Seção II desse Capítulo, tem-se disciplina a revelar, como regra, a adoção do regime de cargo público, ocupando o tema os artigos 39 a 41. Vê-se, mesmo, a distinção entre cargo público e emprego público, no que se previu, no artigo 39, § 3º, a extensão, aos servidores ocupantes do primeiro, do disposto no artigo 7º, mais precisamente nos incisos IV, VII, VIII, IX, XII, XIII, XV, XVI, XVII, XVIII, XIX, XX, XXII e XXX, enquanto em relação aos empregos públicos, a incidência faz-se de forma linear, ante a aplicação do próprio regime da Consolidação das Leis do Trabalho.

Conforme ressaltado pela melhor doutrina — Celso Antônio Bandeira de Mello, em "Curso de Direito Administrativo", 12ª ed., p. 260 —, '(...) o regime normal dos servidores públicos teria mesmo de ser o estatutário, pois este (ao contrário do regime trabalhista) é o concebido para atender a peculiaridades de um vínculo no qual não estão em causa tão-só interesses empregatícios, mas onde avultam interesses públicos básicos, visto que os servidores públicos são os próprios instrumentos da atuação do Estado'. Realmente, o cargo público, como ressaltado pelo consagrado mestre, propicia 'desempenho técnico isento, imparcial e obediente tão-só a diretrizes polí-

tico-administrativas inspiradas no interesse público...', sobressaindo a estabilidade para os concursados. Sim, a teor do artigo 41 da Constituição Federal, preceito que não se encontra nas disposições gerais, mas nas alusivas aos servidores públicos estrito senso, o instituto da estabilidade, alcançável após três anos de efetivo exercício, está jungido a cargo de provimento efetivo em virtude de concurso público, cuja perda pressupõe sentença judicial transitada em julgado (I), processo administrativo em que seja assegurado ao servidor ampla defesa (II) e procedimento de avaliação periódica de desempenho, na forma de lei complementar, também assegurada ampla defesa (III). Nítidas são as balizas, sob o ângulo de direitos e deveres, do cargo público e do emprego público, notando-se que a disponibilidade só diz respeito ao primeiro, e que a aposentadoria é diversa, sendo a do servidor, ocupante de cargo público, norteada pelo que percebido em atividade, enquanto o detentor de emprego público está sujeito ao regime geral de previdência, conforme dispõe o artigo 40, § 11, da Constituição Federal. É certo estar o detentor de emprego público em patamar superior àquele dos empregados em geral. Todavia, isso decorre do princípio da legalidade, que submete a Administração como um todo. Vale dizer, não fica o servidor ocupante de emprego público sujeito ao rompimento do vínculo por livre iniciativa da Administração Pública, devendo o ato, como todo e qualquer ato administrativo, ser motivado. Alfim a premissa resulta de não se ter, em tal campo, a amplitude própria ao princípio da autonomia da manifestação da vontade.

Então, cumpre examinar a espécie. Os servidores das agências reguladoras hão de estar, necessariamente, submetidos ao regime de cargo público, ou podem, como previsto na lei em exame, ser contratados para empregos públicos?

Ninguém coloca em dúvida o objetivo maior das agências reguladoras, no que ligado à proteção do consumidor, sob os mais diversos aspectos negativos — ineficiência, domínio do mercado, concentração econômi-

ca, concorrência desleal e aumento arbitrário dos lucros. Hão de estar as decisões desses órgãos imunes a aspectos políticos, devendo fazer-se presente, sempre, o contorno técnico. É isso o exigível não só dos respectivos dirigentes — detentores de mandato —, mas também dos servidores — reguladores, analistas de suporte à regulação, procuradores, técnicos em regulação e técnicos em suporte à regulação — Anexo I da Lei n. 9.986/2000 — que, juntamente com os primeiros, hão de corporificar o próprio Estado nesse mister da mais alta importância, para a efetiva regulação dos serviços. Prescindir, no caso, da ocupação de cargos públicos, com os direitos e garantias a eles inerentes, é adotar flexibilidade incompatível com a natureza dos serviços a serem prestados, igualizando os servidores das agências a prestadores de serviços subalternos, dos quais não se exige, até mesmo, escolaridade maior, como são serventes, artífices, mecanógrafos, entre outros. Atende-se para a espécie. Está-se diante de atividade na qual o poder de fiscalização, o poder de polícia fazem-se com envergadura ímpar, exigindo, por isso mesmo, que aquele que a desempenhe sinta-se seguro, atue sem receios outros, e isso pressupõe a ocupação de cargo público, a estabilidade prevista no artigo 41 da Constituição Federal. Aliás, o artigo 247 da Lei Maior sinaliza a conclusão sobre a necessária adoção do regime de cargo público relativamente aos servidores das agências reguladoras. Refere-se o preceito àqueles que desenvolvam atividades exclusivas de Estado, e a de fiscalização o é. Em suma, não se coaduna com os objetivos precípuos das agências reguladoras, verdadeiras autarquias, embora de caráter especial, a flexibilidade inerente aos empregos públicos, impondo-se a adoção da regra que é a revelada pelo regime de cargo público, tal como ocorre em relação a outras atividades fiscalizadoras — fiscais do trabalho, de renda, servidores do Banco Central, dos Tribunais de Conta, etc. Este enfoque presta-se ao deslinde da problemática concernente ao aproveitamento dos empregados da Telebrás — Telecomunicações Brasileiras S.A. Sociedade de economia mista, vinha contando com prestadores de serviços submetidos à Consolidação das Leis do trabalho. Daqueles contratados ainda sob a égide da Constituição de 1969, não se exigiu a aprovação em concurso público, já que o artigo 97, § 1º, apenas o previa para a investidura em cargo público. Nem se diga haverem sido beneficiados com a estabilidade, isso considerada a Constituição em vigor. O artigo 19 do Ato das Disposições Transitórias apenas contemplou os servidores públicos civis da União, dos Estados, do Distrito Federal e dos Municípios, vinculados à Administração direta, autárquica e às fundações públicas, ficando excluídos, assim, do instituto da estabilidade, os empregados das sociedades de economia mista, das empresas públicas e das fundações de direito privado. A esta altura, integrá-los a uma autarquia, muito embora em quadro especial, implica, sob o ângulo da adoção obrigatória do regime de cargo, o acesso a este sem o concurso público e a aquisição de estabilidade. Também não procede o argumento de que permaneceriam detentores de empregos, já agora de natureza pública. Em primeiro lugar, como asseverado, o emprego público é incompatível com a atividade a ser desenvolvida. Em segundo lugar, ter-se-ia, de qualquer modo, o deslocamento do emprego comum, submetido apenas às regras da Consolidação das Leis do Trabalho e a algumas da Constituição Federal, como é o caso da alusiva à acumulação e ao rompimento motivado de relação jurídica para a espécie emprego público, *desprezando-se o concurso público previsto no artigo 37, inciso II, da Constituição Federal. O aproveitamento, tratado como* absorção, *é uma verdadeira transferência. Embora possuindo considerável conotação social, conflita com a natureza, em si, da atividade a ser desenvolvida, a demandar investidura em cargo público, e, também, com a exigência constitucional do concurso público para ocupar-se cargo ou emprego público diverso do inicial, o que se dirá quando este é comum, porque existente em sociedade de economia mista. Aliás, para efeito de perceber-se a extensão do desvirtuamento, considere-se o quadro da Anatel, segundo o Anexo I da Lei em exame. Composto de 1.496 servidores, apenas serão preenchidos, por concurso e segundo edital publicado, cerca de 500 cargos, ou seja, menos da metade. Os demais serão ocupados mediante o que se denominou de absorção e que nada mais é do que transferência, tanto assim que os favorecidos não levam consigo cargos. Ao primeiro exame, a persistir esse quadro normativo, forçoso é concluir que as agências reguladoras estão começando muito mal, haja vista as abordagens feitas pela mídia e a notícia de o Ministério Público vir a atuar para coibir abusos. O Globo de 14 de outubro de 2000 noticiou na p. 29: Procuradores vão entrar com ação contra agências. São questionadas contratação na Anatel e concurso na Aneel. O Correio Braziliense de 14 de outubro de 2000 também o fez: Ministério Público acusa Agência de Telecomunicações de contratar 354 pessoas sem concurso público. Guerreiro pode ser acusado de improbidade administrativa. Justiça apura contratações da Anatel — p. 3.*

Por tais razões, ou seja, considerada a impropriedade da adoção do sistema de empregos públicos, defiro a liminar na extensão pretendida, suspendendo a eficácia dos artigos 1º, 2º e parágrafo único, 12 e § 1º, 13 e parágrafo único, 15, 24 e inciso I, 27 e 30 da Lei n. 9.986/2000. Deixo de fazê-lo no tocante ao artigo 33, porquanto se alude a Procuradores Autárquicos regidos pela Lei n. 8.112/90 e não pela Consolidação das Leis do Trabalho.

Tendo em vista o princípio da eventualidade, examino os dispositivos atacados no que versada matéria desvinculada da problemática relacionada com o envolvimento de empregos públicos.Sob o ângulo da investidura em classe distinta da inicial, dispõe o artigo 12 e § 1º da Lei n. 9.986, de 18 de julho de 2000, que se quer fulminada:

> *'Art. 12. A investidura nos empregos públicos do Quadro de Pessoal Efetivo das Agências dar-se-á por meio de concurso público de provas ou de provas e títulos, conforme disposto em regulamento próprio de cada Agência, com aprovação e autorização pela instância de deliberação máxima da organização.*

§ 1º O concurso público poderá ser realizado para provimento efetivo de pessoal em classes distintas de um mesmo emprego público, conforme disponibilidade orçamentária e de vagas (folha 3).'

Os anexos da lei em exame revelam níveis (classes) remuneratórios diversos. Tal fato atende ao fator 'esperança de progressão'; contribui para o aperfeiçoamento profissional dos servidores; evita a estagnação, a acomodação do servidor, conduzindo-o a uma maior dedicação profissional. A partir do momento em que níveis remuneratórios mais atraentes são destinados ao público externo, considerado idêntico emprego público, mitiga-se elemento indispensável à carreira, inviabilizando-se, assim, a salutar movimentação horizontal. O preceito não vincula sequer o acesso direto a níveis mais elevados a certa necessidade. Isso, implica campo de atuação livre, podendo, até mesmo, ser levado em conta, por exemplo, tempo de formado, como consta de editais de concursos já anunciados. É sabido que esse dado não demonstra nem mesmo experiência. Quantas e quantas vezes, candidato com tempo de formado menor possui domínio técnico e prático maior do que aqueles qualificados — aspecto formal — de há muito. Em síntese, tem-se norma aberta, passível de ser manuseada pelo administrador em detrimento de instituto que a Carta da República quer observado. A legislação ordinária não pode conflitar com os parâmetros regedores da carreira. A alteração constitucional decorrente da Emenda n. 19/98, em vez de olvidá-la, veio a introduzir a obrigatoriedade de a União, os Estados e o Distrito Federal manterem escolas de governo para a formação e o aperfeiçoamento dos servidores públicos, jungindo as promoções à feitura de cursos — § 2º do artigo 39 da Constituição Federal. Esvazia-se o mandamento constitucional a partir do momento em que são retiradas do acesso, via carreira, via promoção, classes melhor aquinhoadas 'de um mesmo emprego público, conforme disponibilidade orçamentária e de vagas' — § 1º do artigo 12 da Lei n. 9.986/2000. Nada recomenda a adoção da prática nas agências reguladoras, criando entre servidores antagonismo que não contribui para o aprimoramento dos serviços. Discrepa a previsão do que acontece na administração pública em geral. As classes relativas quer a um certo cargo público, quer a um emprego público hão de estar dentro da carreira, sendo dado ao servidor que nela ingresse almejar, por meio de aperfeiçoamento em cursos e com a passagem do tempo, a movimentação.

No sensível campo de atuação das agências reguladoras, toda e qualquer inovação que exclua a participação normal dos servidores há de ser tomada com reserva. A par do acesso direto ora em exame, verifica-se que a Lei n. 9.986/2000 é pródiga ao prever número de 'cargos de confiança' próximo dos empregos públicos criados, sem jungir os comissionados de direção, de gerência executiva, de assessoria e de assistência ao público interno — artigo 3º. Admite-se a ocupação por requisitados e público interno — artigo 13 — dos cargos comissionados técnicos, diversos dos primeiros no tocante à remuneração, bem menos substancial. Levem-se em conta os cargos comissionados, ao lado de empregos públicos — o que já é um paradoxo — da Aneel e Anatel. Para, respectivamente, 385 e 1.496 empregos públicos, existem 225 e 512 cargos comissionados, com remuneração que oscila de R$ 528,60 a R$ 8.000,00. Vale dizer que tais cargos, por sinal vinculados à melhor remuneração, serão preenchidos de forma livre e, portanto, sem que, necessariamente, o ato seja precedido de concurso público. No caso, ter-se-á casta privilegiada de servidores, persistindo, assim, distorção, sem considerar-se, de forma objetiva, o critério de mérito, somente aferível, legitimamente e no campo democrático, mediante concurso público. Todavia, esse tema não compõe o pedido desta ação direta de inconstitucionalidade, ficando apenas o registro.

Concedo a liminar para suspender a eficácia do § 1º do artigo 12 da Lei n. 9.986/2000.

Resta a última matéria, tomada pelo autor como reveladora de delegação. Preceitua o artigo 15 da Lei n. 9.986/2000:

'Art. 15. Regulamento próprio de cada Agência disporá sobre as atribuições específicas, a estruturação, a classificação e o respectivo salário dos empregos públicos de que trata o art. 2º, respeitados os limites remuneratórios definidos no Anexo III.'

Vê-se, desde logo, que a previsão não encerra, em si, ato contrário ao teor do artigo 68 da Constituição Federal. Versa esse artigo sobre as leis delegadas, cuja elaboração cabe ao Presidente da República. Sobre o princípio da legalidade, considerado especialmente o disposto no inciso X do artigo 37 da Constituição Federal — a remuneração dos servidores públicos e o subsídio de que trata o § 4º do artigo 39 somente poderão ser fixados ou alterados por lei específica, observada a iniciativa privativa em cada caso, assegurada a revisão geral ou anual, sempre na mesma data e sem distinção de índices —, constate-se a submissão dos valores ao Anexo III da citada lei. O quadro revelado sob a nomenclatura 'Anexo III' está dividido em dois níveis — superior e médio —, abrangendo pisos e tetos a eles aplicáveis. Mais do que isso, seguem-se os Anexos IV e V, contendo níveis salariais, respectivamente, de um a vinte e sete e de um a vinte e nove, considerados os níveis médio e superior. Em síntese, os valores mostram-se estabelecidos por lei, somente sendo dado à agência distribuí-los conforme as atribuições específicas, a estruturação e a classificação dos empregos públicos. Em momento algum, olvidou-se a regra do inciso X do artigo 37 da Constituição Federal, já que — repita-se — piso e teto, bem como os diversos níveis salariais, contemplando valores em pecúnia, foram fixados.

Submeto este ato ao Colegiado, fazendo-o na forma regimental.

3. Dê-se conhecimento ao Requerente e Requeridos.

4. Publique-se."[60]

[60] ADIn 2.310-1-DF — medida liminar, de 19.12.2000 (Partido dos Trabalhadores *vs.* Presidente da República e Congresso Nacional). Rel.: Min. Marco Aurélio (DJ n. 23-E, Seção 1, de 1º.2.2001, pp. 5-6).

3. COMPETÊNCIA DA JUSTIÇA FEDERAL

A competência da Justiça Federal para apreciar ações movidas por servidores públicos é questão que continua a suscitar controvérsias. No julgado a seguir, proferido no RE 225.016-1-DF, pelo Min. Sydney Sanches, a 19.12.2000, foi determinada a remessa dos autos à Justiça Federal, considerando que os servidores pretendem obter reconhecimento de vínculo de natureza estatutária.

É a seguinte a decisão, *verbis:*

"1. No parecer de fls. 462/465, o ilustre Subprocurador-Geral da República, Dr. Vicente de Paulo Saraiva resumiu a hipótese e, em seguida, opinou, nos seguintes termos:

'Recurso extraordinário contra acórdão que fixou a competência da Justiça do Trabalho para apreciar e julgar o feito. Alegação de ofensa ao art. 114 da Constituição Federal. Pedido não fundado na CLT. Matéria de índole administrativa. Reconhecimento da condição de estatutário. Competência da Justiça Federal. Pelo conhecimento e provimento do recurso.

1. Recurso extraordinário (fls. 427/430), interposto com base no art. 102, III, a da Constituição Federal, contra o V. Acórdão proferido pela Eg. Primeira Turma do Tribunal Regional Federal da 1ª Região (fls. 410) que, à unanimidade, negou provimento ao agravo de instrumento, assim ementado:

'Constitucional e trabalhista. Ação movida contra a união por celetistas para obtenção de vantagens relativas ao emprego e cargo. Competência da justiça obreira. Art. 114 da Constituição Federal.

I — Tratando-se de ação ajuizada após a vigência da Constituição de 1988, que tem por objeto a obtenção de vantagens decorrentes da relação de emprego que os autores, celetários, mantêm com a União Federal, a competência para processar e julgar a causa pertence à Justiça do Trabalho. Precedentes do STJ.

II — Agravo improvido.'

1.1. Trata-se de agravo de instrumento interposto em face da r. decisão monocrática, que elidiu a competência do juízo federal para processar e julgar o feito, determinando a remessa dos autos à Justiça Laboral.

1.2. Através da ação ajuizada, os impetrantes, embora celetistas, pretendem obter a transposição para o cargo de analista de orçamento, da carreira orçamento, onde receberão vencimentos próprios de servidores públicos estatutários. Alegam que o litígio tem natureza administrativa, logo, seria da competência da Justiça Federal.

1.3. A União Federal, por sua vez, sustenta a competência da Justiça do Trabalho, salientando que os reclamantes eram regidos pela Consolidação das Leis do Trabalho, e que a ação fora ajuizada após a vigência da Constituição Federal, devendo, por conseguinte, ser aplicado o art. 114 da Constituição Federal.

1.4. No apelo extremo, o Ministério Público Federal aduz que, embora celetistas à época da propositura da ação, os postulantes pretendem obter o reconhecimento da existência de um vínculo de natureza exclusivamente administrativa, através de provimento jurisdicional de caráter constitutivo, que lhes confira a qualidade de funcionários públicos estatutários. Alega, assim, que o acórdão guerreado outorgou aplicação indevida ao disposto no art. 114 da Lei Maior.

2. A irresignação do recorrente merece acolhimento. É que a competência da Justiça do Trabalho, nos termos do art. 114 da Constituição Federal, se firma em face da existência de relação jurídica regida pela Consolidação das Leis do Trabalho. Na hipótese ventilada, a pretensão dos postulantes não se funda na CLT, não tendo a controvérsia caráter trabalhista. Através da presente demanda pretendem obter provimento jurisdicional que lhes reconheça a condição de estatutários, sem concurso público. A questão tem, desse modo, índole administrativa, devendo ser apreciada e julgada pela Justiça Federal.

2.1. Com efeito, escapa à Justiça do Trabalho a competência para julgar demandas ligadas ao denominado Regime Jurídico Único. Nesse sentido, já se posicionou esse Pretório Excelso no AGRRE n. 183.999 (DJU 22.9.95, p. 30.639, Rel. Min. Marco Aurélio), conforme se depreende da ementa abaixo:

'Competência — Controvérsia a Envolver Servidor Público — Relação Jurídica regida pela Consolidação das Leis do Trabalho.

Conforme decidido pelo Plenário no julgamento da Ação Direita de Inconstitucionalidade n. 492-1, foge à Justiça do Trabalho competência para apreciar controvérsias relacionadas com o chamado Regime Jurídico Único. A contrario sensu, *subsiste a conclusão no sentido de que o artigo 114 da Constituição Federal alberga a atuação da Justiça do Trabalho quando a relação jurídica está submetida à Consolidação das Leis do Trabalho.*

3. Portanto, considerando a natureza administrativa do pedido formulado, a hipótese não se enquadra na competência da Justiça do Trabalho, razão pela qual o parecer é pelo conhecimento e provimento do recurso.'

2. Adotando a exposição, a fundamentação e a conclusão do parecer do Ministério Público federal, e valendo-me do disposto no art. 557, § 1º, do Código de Processo Civil, com a redação que lhe foi dada pela Lei n. 9.756, de 17.12.98, conheço do recurso e lhe dou provi-

mento, para determinar a remessa dos autos à Justiça federal, competente para o processo e julgamento do feito.

3. Publique-se. Intimem-se."[61]

[61] RE 225.016-1-DF, de 19.12.2000 (Ministério Público Federal *vs.* Dalton da Silva Castelo Branco e outros e União Federal). Rel.: Min. Sydney Sanches (DJ n. 37-E, Seção 1, de 21.2.2001, pp. 69-70).

4. CONCURSO PÚBLICO

Em diversas oportunidades, a Suprema Corte tem se manifestado acerca de variados aspectos ligados ao acesso ao serviço público que, a partir da Carta de 1988, somente pode ocorrer mediante aprovação em concurso público, salvo para cargos de confiança[62]. Adiante, estão alguns julgados abordando interessantes pontos ligados a esse importante tema.

A. Altura mínima

Por várias vezes, o Excelso Pretório tem se manifestado acerca de requisitos para concurso público. Um deles é a altura mínima[63]. No julgado unânime a seguir, que é o RE 194.952-0-MS, da 1ª Turma do STF, proferido pela Min. Ellen Gracie, a 11.9.2001, foi afastada a exigência de altura mínima para a pessoa postular, via concurso público, o cargo de escrivão de polícia. O *decisum* tem a seguinte ementa:

> *"Concurso público. Altura mínima. Requisito.*
>
> *Tratando-se de concurso para o cargo de escrivão de polícia, mostra-se desarrazoada a exigência de altura mínima, dadas as atribuições do cargo, para as quais o fator altura é irrelevante. Precedente (RE 150.455, Rel. Min. Marco Aurélio, DJ 7.5.99)."*[64]

---

[62] V., sobre o tema, v. 3, p. 103, v. 4, p. 129.

[63] V., sobre o tema, v. 3, p. 104.

[64] RE 194.952-0-MS, de 11.9.2001 (Estado de Mato Grosso do Sul *vs.* Regina Midori Yasunaka). Rel.: Min. Ellen Gracie (DJ n. 185, Seção 1, de 11.10.2001, p. 18).

B. Preterição

O julgado adiante, proferido, unanimemente, pela 2ª Turma do STF, a 6.11.2001, na Reclamação 1.728-1-DF, cuida de determinar o cumprimento de decisão do Excelso Pretório no RMS 23.040-9-DF, no sentido de que o Ministro de Estado do Trabalho e Emprego nomeasse, em trinta dias, os aprovados na primeira fase de concurso, realizado em 1998, para fiscal do trabalho, no cargo de auditor fiscal do trabalho. O prazo, em seguida, foi prorrogado por sessenta dias, a partir da sessão de 18.12.2001. A importância de ambos os julgamentos é, sobretudo, no sentido de que embora fosse possível realizar outro concurso, é defeso preterir candidatos aprovados na primeira fase de um concurso público quanto à convocação para a segunda etapa.

O decisório está assim ementado:

"— Reclamação. Ministro do Trabalho e Emprego, que estaria a descumprir o acórdão da 2ª Turma do Supremo Tribunal Federal, que conheceu e deu provimento ao Recurso Ordinário em Mandado de Segurança n. 23.040, para conceder o writ. *2. Incabível invocar contra o aresto, trânsita em julgado, a existência de 'óbices intransponíveis de ordem legal', inclusive a não mais existência do cargo reclamado. 3. De decisão jurisdicional, trânsita em julgado, resulta, em favor de seus beneficiários, título de direito, que lei posterior ou ato normativo com força de lei não podem prejudicar (CF, art. 5º, XXXVI). 4. Diante de decisão judicial, com plena eficácia, não cabe à administração ou ao destinatário do cumprimento do que decidido pretender, no âmbito de sua esfera administrativa ou competência, reabrir discussão sobre a matéria, em seu mérito, objeto de* decisum, *quer com alegações de decadência, quer de existência de litisconsórcio necessário, quer de outra* quaestio juris *sobre a relação processual instaurada. 5. Acórdão que favorece, tão-somente, os impetrantes do mandado de segurança, que é processo de natureza subjetiva, ficando, assim, o* decisum, *na sua eficácia, limitado apenas aos autores da ação mandamental. 6. Reclamação julgada procedente para determinar*

que, em cumprimento ao acórdão do Supremo Tribunal Federal, no Recurso Ordinário em Mandado de Segurança n. 23.040-9-DF, no prazo de trinta (30) dias, proceda, sob as penas da lei, a autoridade reclamada, à efetivação dos atos de nomeação dos impetrantes, ora reclamantes, em cargo de Auditor Fiscal do Trabalho, em que se converteu o cargo de Fiscal do Trabalho."[65]

A decisão primeira é a seguinte:

"A Turma, por unanimidade, julgou procedente a reclamação e determinou que, em cumprimento à decisão do Supremo Tribunal Federal no RMS 23.040-9/DF, no prazo de trinta dias, sob as penas da lei, proceda a autoridade reclamada à efetivação dos atos de nomeação dos impetrantes, ora reclamantes, em cargo de Auditor Fiscal do Trabalho, em que se transformou o cargo de Fiscal do Trabalho. Falou, pelos reclamantes, o Dr. José Carlos Barbosa Neto."[66]

A prorrogação foi decidida ao exame de uma questão de ordem, como segue:

"Por unanimidade, a Turma conheceu da questão de ordem submetida pelo Ministro-Presidente e relator e deliberou, em deferindo pedido da União Federal, conceder novo prazo improrrogável de sessenta dias (60), a partir da data da sessão (18.12.2001), para que, nos termos da decisão anterior, sob as penas da Lei, a autoridade ministerial reclamada adote as providências necessárias no sentido de se efetivar, no referido prazo, a nomeação dos reclamantes no cargo de Auditor Fiscal do Trabalho, em que se converteu o cargo de Fiscal do Trabalho, para o qual se submeteram a concurso."[67]

---

[65] Reclamação n. 1.728-1-DF, de 6.11.2001 (Adélia de Araújo Gonçalves e outros *vs.* Ministro de Estado do Trabalho e Emprego). Rel.: Min. Néri da Silveira (DJ n. 220, Seção 1, de 19.12.2001, p. 5).

[66] Idem.

[67] DJ n. 220, de 19.12.2001, p. 5. A referência é a mesma da nota 64.

5. CONTRIBUIÇÃO SOCIAL

A matéria tratada a seguir é acerca de majoração de contribuição social devida por servidores públicos, na forma da Medida Provisória n. 560/94, tendo sido dado provimento ao RE 259.713-9-PB, em despacho da lavra do Min. Sepúlveda Pertence, de 7.6.2001, considerando o entendimento da Suprema Corte, segundo o qual não perde eficácia a medida provisória que, embora não convertida em lei, tenha sido reeditada.

Tem o seguinte teor, *verbis*:

> *"RE,* a, *contra acórdão que entendeu ilegítima a majoração da contribuição previdenciária de servidores públicos federais, determinada pela MP n. 560/94 e suas reedições.*
>
> *O aresto recorrido, ao afirmar que a medida provisória, se não convertida em lei, ainda que reeditada, perde sua eficácia, divergiu do entendimento da 1ª Turma do STF no RE n. 242905 (Moreira Alves, DJ 1º.10.99), que restou assim ementado:*
>
>> *'Contribuição para o Plano de Seguridade Social. Medida Provisória n. 560/94 e suas reedições. Contagem do prazo relativo ao princípio da anterioridade mitigada do artigo 195, § 6º da Constituição no tocante a alíquotas estabelecidas em Medida Provisória.*
>>
>> *A eficácia da Medida Provisória, enquanto não é convertida em lei ou é rejeitada pelo Congresso, persiste com as reedições dela dentro do prazo.*
>>
>> *O prazo de 90 dias para a observância do princípio da anterioridade mitigada do artigo 195, § 6º da Constituição se conta a partir da Medida Provisó-*

ria que estabeleceu as novas alíquotas, continuando a fluir até o seu término no período de vigência das Medidas Provisórias que a reeditem dentro do prazo de reedição, e não somente a partir da Lei de Conversão dessas Medidas Provisórias.

Recurso extraordinário conhecido em parte, e nela provido.'

No mesmo sentido, o RE n. 222719, Velloso, DJ 26.3.99.

Na linha dos precedentes, conheço do RE e lhe dou provimento para denegar a segurança."[68]

---

[68] RE 259.713-9-PB, de 5.6.2001 (União Federal *vs.* Pedro Faustino Neto e outros). Rel.: Min. Sepúlveda Pertence (DJ n. 169, Seção 1, de 19.9.2001, p. 50). No mesmo sentido: RE 308.836-0-DF, de 19.6.2001 (União *vs.* Sindicato dos Trabalhadores do Serviço Federal no Estado de Alagoas — SINTSEP). Rel.: Min. Ilmar Galvão (DJ n. 174, Seção 1, de 26.9.2001, p. 71); RE 259.802-0-AL, de 5.6.2001 (União federal *vs.* Ludenulfo Cruz Lacet e outros). Rel.: Min. Sepúlveda Pertence (DJ n. 163-E, Seção 1, de 11.9.2001, p. 75); RE 263.058-6-RN, de 4.6.2001 (Caixa Econômica Federal *vs.* Francisco Batista da Silva Júnior e outros). Rel.: Min. Sydney Sanches (DJ n. 163-E, Seção 1, de 11.9.2001, p. 75); RE 263.840-4-PB, de 1º.6.2001 (União Federal *vs.* Susan Albuquerque de Brito Gomes). Rel.: Min. Maurício Corrêa (DJ n. 163-E, Seção 1, de 11.9.2001, p. 75); RE 296.890-1-GO, de 27.6.2001 (Instituto Brasileiro do Meio Ambiente e dos Recursos Naturais Renováveis — IBAMA *vs.* Célia Gonçalves de Oliveira e outros). Rel.: Min. Ellen Gracie (DJ n. 173, de 25.9.2001, p. 88); RE 297.731-4-RN, de 5.6.2001 (União *vs.* Mariza de Carvalho Brito Madruga e outros). Rel.: Min. Sepúlveda Pertence (DJ n. 159-E, Seção 1, de 4.9.2001, p. 72); RE 297.523-1-AL, de 27.6.2001 (Universidade Federal de Alagoas — UFAL *vs.* Wellington Rodrigues Porciúncula e outros). Rel.: Min. Ellen Gracie (DJ n. 165, Seção 1, de 13.9.2001, p. 54); RE 298.202-4-RN, de 28.3.2001 (União *vs.* Maria da Conceição Medeiros de Oliveira e outros). Rel.: Min. Marco Aurélio (DJ n. 165, Seção 1, de 13.9.2001, p.54); RE 302.173-7-PB, de 6.6.2001 (Departamento Nacional de Obras contra as Secas — DNOCS *vs.* João Armando Ribeiro e outros). Rel.: Min.: Nelson Jobim (DJ n. 165, Seção 1, de 13.9.2001, p. 55).

6. DESVIO DE FUNÇÃO

Importante decisão tomou a 2ª Turma do Excelso Pretório, julgando o RE 275.840-0-RS, em acórdão da lavra do Min. Marco Aurélio, de 6.3.2001, firmando entendimento de que o servidor público que ocupa um cargo, mas exerce outro em desvio de função, tem direito à percepção das diferenças remuneratórias existentes, não se caracterizando em ofensa ao art. 37, II, da Constituição.

A informação do julgamento tem o seguinte teor:

"Por não vislumbrar ofensa ao art. 37, II, da CF, que exige prévia aprovação em concurso público para a investidura em cargo ou emprego público, a Turma, por maioria, manteve acórdão proferido pelo Tribunal de Justiça do Estado do Rio Grande do Sul, que assegurara a servidor público o direito à percepção das diferenças remuneratórias existentes entre o cargo por ele ocupado e aquele exercido em desvio de função, pelo prazo em que foi designado. Vencido o Min. Maurício Corrêa, relator, que conhecia do recurso e lhe dava provimento, por reconhecer que a remuneração em determinado cargo somente seria possível ante a aprovação prévia em concurso público. E, que, a referida diferença remuneratória pleiteada configuraria efetivo reajuste salarial, vedado pelo Verbete 339 da Súmula do STF."[69]

[69] Informativo STF n. 219, de 14.3.2001, p. 2, com decisão prolatada pelo Min. Marco Aurélio, no RE 275.840-0-RS, de 6.3.2001 (União Federal *vs.* Wilson Ramos do Nascimento), publicada no DJ n. 101-E, Seção 1, de 1º.6.2001, p. 91).

7. ESTABILIDADE SINDICAL — ADMISSÃO SEM CONCURSO

A estabilidade sindical prevista no art. 8º, VIII, da Constituição[70], não beneficia o servidor admitido sem concurso público após a promulgação da Constituição de 1988. Esta a decisão da 2ª Turma do STF, no RE 248.282-0-SC, de 13.2.2001, sendo relator o Min. Marco Aurélio.

A informação desse julgamento é a seguinte:

"O servidor público admitido sem concurso público após a promulgação da CF/88 não tem direito à estabilidade sindical prevista no art. 8º, VIII, da CF ('é vedada a dispensa do empregado sindicalizado a partir do registro da candidatura a cargo de direção ou representação sindical e, se eleito, ainda que suplente, até um ano após o final do mandato, salvo se cometer falta grave nos termos da lei'.), porquanto tal estabilidade pressupõe a existência de uma relação jurídica válida. Com base nesse entendimento, a Turma deu provimento a recurso extraordinário para reformar acórdão do Tribunal de Justiça do Estado de Santa Catarina que garantira a servidor contratado sem concurso público e ocupante de cargo de direção sindical, o direito à mencionada estabilidade. Precedente citado: RE 183.884-SP (DJU de 13.8.99)."[71]

A decisão unânime da 2ª Turma está assim ementada:

"Estabilidade Sindical — Servidor Público — Ausência de Concurso — Conseqüência. Insubsistente o ingres-

[70] V., sobre o tema, v. 3, p. 112.
[71] Informativo STF n. 217, de 21.2.2001, p. 2.

so no serviço público ante o desrespeito à norma do inciso II do artigo 37 da Constituição Federal — Aprovação em concurso —, descabe assentar a existência da estabilidade prevista no inciso VIII do artigo 8º da Constituição Federal."[72]

---

[72] RE 248.282-0-SC, de 13.2.2001 (Município de Imarui-SC *vs.* Marcio Matias). Rel.: Min. Marco Aurélio (DJ n. 82-E, Seção 1, de 27.4.2001 p. 101).

8. MUDANÇA DE REGIME

O tema relativo à mudança de regime jurídico dos servidores públicos[73] ainda tem suscitado polêmicas. No AI 342.272-1-DF, o Min. Moreira Alves, em despacho de 25.5.2001, negou seguimento ao agravo, por entender que a discussão sobre a extinção ou não do contrato de trabalho, em face da mudança de regime, é tema infraconstitucional, não representando ofensa direta à Carta Magna.

Tem o despacho o seguinte teor:

"1. Por demandar o exame prévio da questão de saber se a mudança de regime jurídico do celetista para o estatutário acarreta ou não a extinção do contrato de trabalho, o que se situa no terreno da legislação infraconstitucional, a alegação, no caso, de ofensa ao artigo 7º, XXIX, a, da Constituição é indireta ou reflexa, não dando margem, assim, ao cabimento do recurso extraordinário.

2. Por outro lado, inexiste ofensa a direito adquirido (art. 5º, XXXVI, da Carta Magna), porquanto, no caso, não há questão de direito intertemporal, até porque o prazo de prescrição em concreto não começou a correr com base em norma anterior e a ele se aplicou redução com fundamento em norma posterior. E, quanto à alegação de ofensa a esse mesmo dispositivo constitucional no tocante à coisa julgada, é ela indireta ou reflexa, uma vez que demanda o exame prévio dos limites objetivos da coisa julgada em face da legislação processual infraconstitucional, não cabendo, assim, o recurso extraordinário.

3. Ademais, quanto à alegação de ofensa ao artigo 114 da Constituição, está correto o acórdão recorrido ao

[73] V., sobre o tema, v. 4, p. 136.

dar a competência da Justiça do Trabalho excluída quanto às pretensões dos reclamantes sobre vantagens, ainda que trabalhistas, que seriam devidas depois da aplicação da legislação estatutária em virtude da mudança de regime jurídico.

4. No concernente à alegada violação do artigo 39, § 2º, da Carta Magna, ela não ocorreu, uma vez que o aresto recorrido ficou na preliminar processual infraconstitucional da falta de prequestionamento, no âmbito do recurso de revista, dessa questão constitucional.

5. Finalmente, a questão relativa ao artigo 37, XV, da Constituição não foi prequestionada (Súmulas 282 e 356).

6. Em face do exposto, nego seguimento ao presente agravo."[74]

---

[74] AI 342.272-1-DF, de 25.5.2001 (Cláudia Nestor Barros e outros *vs.* Distrito Federal). Rel.: Min. Moreira Alves (DJ n. 182, Seção 1, de 8.10.2001, p. 24).

9. RESERVA LEGAL — GRATIFICAÇÃO DE REPRESENTAÇÃO

Apenas o Tribunal Superior do Trabalho tem competência para a iniciativa de leis, visando à remuneração de seus membros e dos magistrados das instâncias inferiores. Neste sentido decidiu o Excelso Pretório, apreciando as ADIns 2.098-6-AL e 2.107-9-DF, ambas relatadas pelo Min. Ilmar Galvão, acerca da base de cálculo da gratificação de representação dos magistrados trabalhistas.

A informação a respeito tem o seguinte teor:

> *"Por ofensa ao art. 96, II,* b, *da CF, que confere ao TST competência privativa para a iniciativa de leis que disponham sobre a remuneração de seus membros e dos juízes dos tribunais inferiores, o Tribunal, julgando procedente ação direta ajuizada pelo Procurador-Geral da República, declarou a inconstitucionalidade da Resolução n. 6/99, do TRT da 19ª Região e da Resolução n. 45/99, do TRT da 17ª Região, que determinaram que a verba de representação dos magistrados deveria incidir sobre a integralidade dos vencimentos, assim considerada a soma das parcelas intituladas vencimento e a parcela autônoma de equivalência."*[75]

---

[75] Informativo STF n. 245, de 17.10.2001, p. 1, com decisões prolatadas pelo Min. Ilmar Galvão na ADIn 2.098-6-AL, de 10.10.2001 (Procurador-Geral da República *vs.* Tribunal do Trabalho da 19ª Região) e ADIn 2.107-9-DF, de 10.10.2001 (Procurador-Geral da República *vs.* Tribunal Regional do Trabalho da 17ª Região), publicadas no DJ n. 217, Seção 1, de 14.12.2001, p. 23.

10. SOCIEDADE DE ECONOMIA MISTA — ADMISSÃO — CONCURSO PÚBLICO

Não apenas na administração pública direta, mas assim também nas paraestatais, inclusive nas sociedades de economia mista, a admissão de empregados somente se pode dar mediante concurso público. É posição sedimentada do Excelso Pretório, de que é exemplo a decisão do Min. Sydney Sanches, proferida no AI-329.165-6-RJ, de 8.6.2001, *verbis:*

> *"1. Examinando situação de fato e de direito, que coincide com a focalizada nestes autos, decidiu a 1ª Turma desta Corte, ao julgar o AGRRE n. 222.058, de que foi Relator o eminente Ministro Sepúlveda Pertence (DJ 4.6.1999, p. 14):*
>
> *'Ementa — O reconhecimento judicial de vínculo trabalhista com empresa de economia mista, iniciado, sem concurso público, na vigência da Carta de 1969, não ofende o art. 37, II, da Constituição em vigor.*
>
> *Votação unânime.'*
>
> *2. E o eminente Ministro Moreira Alves, em casos similares, vem decidindo (AG-262.058 e AG-266.589):*
>
> *'... se a contratação em causa foi feita antes da promulgação da atual Constituição, quando não se exigia concurso público para o ingresso como empregado em sociedade de economia mista, não há que se pretender tenha sido ofendido o artigo 37, II, dessa Carta Magna.*

3. Por fim, a alegação de ofensa ao artigo 5º, II, da Constituição, por demandar o exame prévio da legislação infraconstitucional, é indireta ou reflexa, não dando margem, assim, ao cabimento do recurso extraordinário.

4. Em face do exposto, nego seguimento ao presente agravo.'

5. Adotando os fundamentos deduzidos nesses precedentes e valendo-me do disposto nos artigos 21, § 1º, do RISTF, 38 da Lei n. 8.038, de 28.5.1990 e 557 do C. P. Civil, nego seguimento ao presente Agravo.

6. Publique-se. Intimem-se as partes."[76]

[76] AI 329.165-6-RJ, de 8.6.2001 (Caixa Econômica Federal — CEF *vs.* Pedro Paulo Thomaz de Miranda e Ministério Público do Trabalho da 1ª Região). Rel. Min. Sydney Sanches (DJ n. 185, Seção 1, de 11.10.2001, p. 34). No mesmo sentido: RE 245.523-7-RS, de 29.8.2001 (Companhia Estadual de Energia Elétrica — CEEL *vs.* Zely Nunes de Souza). Rel.: Min. Maurício Corrêa (DJ n. 182, Seção 1, de 8.10.2001, p. 36).

11. VENCIMENTO E SALÁRIO MÍNIMO

Não se pode confundir remuneração total do servidor com o seu vencimento básico. O salário mínimo previsto na Carta Magna (art. 7º, IV) refere-se àquela primeira hipótese. Assim decidiu a 1ª Turma do STF, em julgado da lavra do Min. Moreira Alves, que é o RE 299.075-5-SP, de 10.4.2001.

O decisório tem o seguinte teor:

"Recurso extraordinário. Servidor Público. Piso de vencimento. Salário mínimo.

— O Plenário desta Corte, ao julgar os RREE 197.072 e 199.098, que trataram de hipótese análoga à presente, firmou o entendimento de que o artigo 7º, IV, combinado com o artigo 39, § 2º, ambos da Constituição, se refere à remuneração total recebida pelo servidor e não apenas ao vencimento-base.

Recurso extraordinário não conhecido."[77]

A informação a respeito tem o seguinte conteúdo:

"Para efeito da garantia ao salário mínimo a que se refere o 7º, IV, da CF, é de se considerar a remuneração total do servidor e não o vencimento básico. Com esse entendimento, a Turma manteve acórdão do Tribunal de Justiça do Estado de São Paulo que negara a pretensão de servidores públicos estaduais de terem o salário-base complementado até atingir o valor de um salário mínimo.

[77] RE 299.075-2-SP, de 10.4.2001 (Marinete Otoni Pinto Ferreira e outros *vs*. Estado de São Paulo). Rel.: Min. Moreira Alves (DJ n. 101-E, Seção 1, de 1º.6.2001, p. 92).

Precedentes citados: RREE 197.072-SC e 199.098-SC (ambos julgados em 25.11.98, acórdãos pendentes de publicação, v. Informativo 133)."[78]

[78] Informativo STF n. 223, de 18.4.2001, p. 3. A referência é a mesma da nota anterior.

PARTE V

PREVIDÊNCIA SOCIAL

1. APOSENTADORIA

A. Gratificação de Natal

A matéria tratada a seguir é sobre a pretensão de aposentados, no sentido da percepção da gratificação de natal com base no valor dos proventos do mês de dezembro de cada ano, a teor dos arts. 7º, VIII, e 201, § 6º, da *Lex Fundamentalis.*

Despachando a AR 1371-5-RS, a 5.12.2000, o Min. Néri da Silveira negou a pretensão dos autores, nos seguintes termos:

> *"Vistos. Beneficiários do sistema da previdência social ajuizaram ação ordinária contra o INSS, colimando o pagamento da gratificação natalina, a partir da Constituição de 1988, com 'base no valor dos proventos do mês de dezembro de cada ano', alegando que o INSS, nos exercícios de 1988 e 1989, 'pagou a prestação com base na média anual do valor do benefício, resultando disso que adimpliu com valor monetário a menor do que o determinado pela Lei Maior'. Invocaram os arts. 7º, VIII e 201, § 6º, ambos da Constituição de 1988, sustentando que, nessas normas, restou assentado que o décimo terceiro salário será pago 'na base da remuneração integral ou no valor da aposentadoria', sendo que, relativamente aos aposentados e pensionistas, de explícito, o § 6º do art. 201 referido estabelece que a gratificação natalina 'terá por base o valor dos proventos do mês de dezembro de cada ano' (fls. 14/15). A sentença deu pela procedência da ação, 'para o efeito de condenar o Réu ao pagamento do 13º salário, de 1988 e 1989, com base nos proventos do mês de dezembro de cada ano, devidamente*

acrescidos de juros de mora de 6% (seis por cento) ao ano, a contar da citação, e correção monetária, de acordo com a Súmula n. 71, do extinto Tribunal Federal de Recursos, até a data do ajuizamento da presente ação e, a partir de então, de acordo com a Lei n. 6.899/81, bem como ao ressarcimento das custas antecipadas, se houver, e honorários advocatícios de 10% (dez por cento) sobre o montante da condenação' (fls. 55/56). O acórdão do TRF-4ª Região deu provimento à apelação do INSS, por unanimidade, para julgar improcedente a ação. Fê-lo, adotando a fundamentação do voto do Relator (fls. 78), que invoca orientação do Plenário daquela Corte, no sentido da não auto-aplicabilidade dos 'dispositivos constitucionais que introduziram novos direitos no âmbito da Previdência Social', registrando que, 'quando o art. 201, caput fala em nos termos da lei *está a exigir norma regulamentadora, além do que, nos termos do art. 195, § 5º, nenhum benefício poderá ser majorado sem a correspondente fonte de custeio' (fls. 78). No recurso extraordinário, os autores sustentaram a auto-aplicabilidade das normas constitucionais em causa, quanto ao valor da gratificação natalina, também a aposentados e pensionistas da Previdência Social (fls. 82/87). Não admitido o apelo extremo (fls. 94), subiu, entretanto, o recurso extraordinário ao STF, onde tomou o número 194.974-1 — RS (fls. 108), por força do provimento do Agravo de Instrumento n. 166.740-1/040 (fls. 97 e 96).*

2. Pois bem, nesta Corte, o recurso extraordinário não foi conhecido. O Relatório formulou-se nestes termos (fls. 108):

> *'O Tribunal Regional Federal da 4ª Região concluiu pela improcedência da pretensão da ora recorrente, de ter o benefício de aposentadoria revisto com base no disposto no art. 202 da Constituição Federal, que assegura o cálculo sobre a média das trinta e seis últimas contribuições mensais, devidamente corrigidas, nos termos do art. 201, § 3º, da Carta Magna, e não, como fez a autarquia, levando em conta as vinte e quatro primeiras contribuições desse pe-*

ríodo atualizadas monetariamente. Para assim proceder, considerou que os referidos dispositivos constitucionais não são de eficácia plena e aplicação imediata, dependendo de regulamentação, que só se efetivou com a edição das Leis ns. 8.212 e 8.213, ambas de 1991.

Manifesta-se recurso extraordinário, com fundamento no art. 102, III, *a*, da Constituição Federal, salientando-se que as normas constitucionais evocadas são auto-aplicáveis.

Admitido o recurso, subiram os autos a esta Corte.

É o relatório.'

O voto condutor do aresto unânime, à sua vez, possui este teor (fls. 109):

'A jurisprudência firmada por esta Primeira Turma, como se vê dos acórdãos proferidos no RE 153.655, Relator Ministro Sydney Sanches e RE 157.042, Relator Ministro Moreira Alves, proclama que o disposto no art. 202 da Constituição Federal não é auto-aplicável, por depender de integração legislativa, que só foi implementada com a edição das Leis ns. 8.212 e 8.213, ambas de 1991, que aprovaram, respectivamente, os Planos de Custeio e de Benefício de Previdência Social.

Como se vê, em face da orientação aqui estabelecida, continuam vigentes as normas anteriores à Constituição, não havendo que se falar em incorreção no cálculo efetuado pela autarquia de acordo com tais normas, que levou em conta a média das trinta e seis contribuições, atualizadas apenas as vinte e quatro primeiras, não se desrespeitando, com isso, o princípio inscrito no art. 201, § 3º, da Carta, no sentido de que todos os salários de contribuição considerados no cálculo serão corrigidos monetariamente.

Estando o acórdão recorrido em conformidade com o entendimento aqui prevalente, não conheço do recurso.'

O aresto ficou assim ementado (fls. 111):

'Previdência Social. Aposentadoria. Cálculo. Art. 202 da Constituição Federal.

A Primeira Turma do Supremo Tribunal Federal firmou entendimento no sentido de que o disposto no art. 202 da Constituição Federal não é auto-aplicável, por depender de integração legislativa, que só foi implementada com a edição das Leis ns. 8.212 e 8.213, ambas de 1991, que aprovaram os Planos de Custeio e de Benefícios de Previdência Social.

Recurso extraordinário não conhecido.'

3. Poucos meses após o trânsito em julgado do acórdão, como se vê do confronto das datas constantes da Certidão de fls. 112 e da inicial, às fls. 2, aforaram, com plena tempestividade, os autores esta ação rescisória do aresto no RE 194.974-1. Sustentam que houve erro de fato, *na decisão tomada pelo STF, 'pois os fundamentos manifestos são estranhos à pretensão deduzida em juízo quanto ao pedido e a causa de pedir, donde, emergindo a rescisão da douta decisão, seja a sentença proferida pelo Juiz de Primeiro Grau restabelecida, julgando procedente o pedido e condenando o INSS ao pagamento dos valores relativos ao décimo terceiro salário na exata representação do mês de dezembro, (...), imperando como pleno e eficaz o comando constitucional manifesto pelo Art. 201, § 6º', da Constituição Federal. Invocam, assim, como fundamento da ação rescisória, o art. 485, IX, do Código de Processo Civil, segundo o qual a sentença de mérito, transitada em julgado, pode ser rescindida quando — 'IX — fundada em erro de fato resultante de atos ou documentos da causa', alegando, nesse sentido, às fls. 5: 'O erro de fato, resultante de ato da causa é o próprio* decisum *que entendeu ser a demanda sobre o tema tratado pelo art. 202 da CF (cálculo da renda inicial pela correção dos meses que compõem a apuração do valor do benefício), quando a lide versava sobre o pagamento do décimo terceiro salário na exata apresentação do mês de dezembro de cada ano'. Aduzem que (fls. 5): 'Notadamente, no caso em tela, versa o erro quanto ao ato jurisdicional, pois delirante do pedido e da causa de pedir, devendo, por estar estampada a prestação jurisdicional equivocada, sua rescisão'. Entendem os autores que, estando a pretensão deduzida em Juízo, acerca do pagamento de parcelas referentes 'ao décimo terceiro salário dos aposentados e pensionistas na exata representação dos proventos relativos ao mês de dezembro de cada ano', sob o império do art. 201, § 6º, da Constituição. 'Óbvio está que, ao ser prestada a jurisdição extraordinária, fundando a decisão no voto condutor do ilustrado Ministro Relator, sediado no art. 202 da Carta Magna, estabeleceu outro título — nulo absolutamente — que não o deduzido em Juízo, inclusive com pronunciamento jurisdicional singular procedente (...)' (fls. 6). Concluem que o aresto, ora rescindendo, ao não conhecer do recurso extraordinário, 'fundamentando em matéria totalmente estranha a pretensão deduzida em Juízo', incorreu 'em total nulidade, face ao erro fático quanto aos limites da pretensão, impondo-se, assim, rescindi-lo, 'para que processe e julgue o recurso de forma a atender corretamente os ditames da demanda' (fls. 7).*

4. O único fundamento invocado para a ação rescisória, no caso, é o art. 485, IX, do CPC, que reza:

'Art. 485 — A sentença de mérito, transitada em julgado, pode ser rescindida quando:

...

IX — fundada em erro de fato, resultante de atos ou documentos da causa.

§ 1º — Há erro quando a sentença admitir um fato inexistente, ou quando considerar inexistente um fato efetivamente ocorrido.

§ 2º — É indispensável, num como noutro caso, que não tenha havido controvérsia, nem pronunciamento judicial sobre o fato.'

5. Não houve sequer interposição de embargos de declaração ao acórdão rescindendo, pelos autores, em ordem a demonstrarem a ora alegada ocorrência de omissão, pelo aresto, na apreciação do tema jurídico que entendem estava deduzido nos autos e era o ponto a ser decidido, cumprindo, a tanto, aplicar o art. 201, § 6º, e não o art. 202, ambos da Constituição de 1988. É bem de ver que o fundamento juris *para o pagamento da gratificação natalina, que os autores sustentam ser o objeto do pedido inicial, fora considerado diversamente na sentença e no acórdão do TRF — 4ª Região. A tese do aresto, então extraordinariamente recorrido, era no sentido da não auto-aplicabilidade dos dispositivos constitucionais 'que introduziram novos direitos no âmbito da Previdência Social', aí incluído o § 6º do art. 201, consoante o julgado do TRF — 4ª Região (fls. 78), diante da cláusula nos termos da lei' constante do* caput *do mesmo art. 201, da Lei Maior. É certo que o acórdão ora rescindendo tratou amplamente da matéria, como hipótese de revisão do benefício da aposentadoria, no âmbito da Carta Política de 1988, proclamando, com invocação de arestos da Corte, 'que o disposto no art. 202 da Constituição Federal não é auto-aplicável, por depender de integração legislativa, que só foi implementada com a edição das Leis ns. 8.212 e 8.213, ambas de 1991, que aprovaram, respectivamente, os Planos de Custeio e de Benefício de Previdência Social (fls. 109). E, a seguir, o voto condutor do julgado rescindendo, acrescentou,* verbis *(fls. 109): 'Como se vê, em face da orientação aqui estabelecida, continuam vigentes as normas anteriores à Constituição, não havendo que se falar em incorreção no cálculo efetuado pela autarquia de acordo com tais normas, que levou em conta a média das trinta e seis contribuições, atualizadas apenas as vinte e quatro primeiras, não se desrespeitando, com isso, o princípio inscrito no art. 201, § 3º, da Carta, no sentido de que todos os salários de contribuição considerados no cálculo serão corrigidos monetariamente'. Finaliza o aresto rescindendo, asseverando (fls. 109):*

'Estando o acórdão recorrido em conformidade com o entendimento aqui prevalente, não conheço do recurso'. Ora, qual se anotou, o acórdão recorrido do TRF — 4ª Região, de explícito, decidira, contrariamente à sentença, sobre o tema concernente ao cálculo do benefício previdenciário da gratificação natalina de aposentados e pensionistas. Torna-se, pois, aqui, tecnicamente, incabível desqualificar a controvérsia em torno dos fundamentos da decisão como de natureza jurídica, assim nela manifestada. Não há como ver, na hipótese, erro de fato, aos fins de enquadramento da espécie no âmbito do inciso IX do art. 485 do CPC. Anotou, a esse respeito, o Ministro Alfredo Buzaid, na Ação Rescisória n. 1.135-PR (RTJ 110/509): 'O que esta norma contempla não é erro de direito, mas erro de fato (Pontes de Miranda, "Tratado de Ação Rescisória", p. 342). Para se admitir a ação rescisória por esse fundamento, força é que concorram os seguintes pressupostos, que emergem da análise do inciso IX do art. 485 e dos seus dois parágrafos: a) o erro há de ser de fato e resulte dos atos ou documentos da causa; b) que sobre ele não tenha havido controvérsia nem pronunciamento judicial (J. C. Barbosa Moreira, "Comentários ao Código de Processo Civil", Forense, 1981, 4ª ed., p. 174 e segs.; Luiz Eulálio de Bueno Vidigal, "Comentários ao Código de Processo Civil", Ed. Rev. dos Tribs., vol. VI, p. 151). Ora, não há nos venerandos arestos rescindendos nenhum erro de fato resultante de atos ou de documentos da causa; há, isto sim, uma acertada aplicação do direito ao caso, o que vale dizer que a norma legal foi discutida e sobre ele ocorreu pronunciamento judicial. Bastam estas considerações para se ver que improcede o segundo fundamento da ação rescisória'.

6. Em face do exposto, estando a ação rescisória fundamentada, tão-só, no art. 485, IX, do CPC, com base no art. 21, § 1º, do Regimento Interno desta Corte, nego-lhe seguimento, ficando prejudicado, assim, o pedido de liminar ou de antecipação de tutela parcial.

Publique-se."[79]

---

[79] AR 1.371-5-RS, DE 5.12.2000 (Edylla Meyer e outros *vs.* Instituto Nacional do Seguro Social — INSS). Rel.: Min. Néri da Silveira (DJ n. 31-E, Seção 1, de 13.2.2001, p. 23).

B. Proventos

Assunto sempre importante e altamente relevante é aquele relativo aos proventos da inatividade[80]. O aposentado, apesar de ter dedicado anos a uma dada atividade, quer pública, quer privada, ao deixar o serviço ativo, é como que excluído do direito a uma sobrevivência digna. Ninguém desconhece que são ínfimos os proventos percebidos por aqueles que se dedicaram anos a fio ao trabalho e que a idade ou algum fato superveniente os impediu de prosseguir.

O julgado unânime adiante, oriundo da 1ª Turma do STF, que é o RE 241.372-3-SC, da lavra do Min. Ilmar Galvão, trata do tema relativo à equiparação dos vencimentos dos servidores públicos da ativa aos proventos dos inativos, reconhecendo, todavia, que esse direito somente se aplica ao segurado da Previdência Social que tenha se aposentado após o advento da Lei n. 8.112, de 11.12.1990, não sendo devida essa equiparação aos aposentados, nos termos do art. 40, § 4º, da Constituição, com a redação anterior à Emenda Constitucional n. 20/98.

O *decisum* tem o seguinte teor:

> *"Constitucional. Administrativo. Servidor celetista. Aposentadoria previdenciária anterior à Lei n. 8.112/90. Revisão de proventos. Equiparação com os vencimentos dos servidores públicos da ativa. Constituição Federal, art. 40, § 4º, na redação anterior à EC 20/98.*
>
> *Ao servidor submetido ao regime da Consolidação das Leis do Trabalho, segurado da Previdência Social, que se aposentou antes do advento da Lei n. 8.112, de 11 de dezembro de 1990, não se aplica a norma do art. 40, § 4º, da Carta da República, na redação anterior à EC 20/98, que é destinada apenas ao servidor público estatutário, assegurando-lhe a revisão dos proventos na mesma proporção e na mesma data em que se modificar a remuneração dos servidores em atividade.*
>
> *Recurso conhecido e provido."*[81]

---

[80] V., sobre o tema, v. 4, p. 178.

[81] RE 241.372-3-SC, de 21.8.2001 (Instituto Nacional do Seguro Social — INSS *vs.* Nilton Behr e outros). Rel.: Min. Ilmar Galvão (DJ n. 181, Seção 1, de 5.10.2001, p. 57).

C. Vale-alimentação

Reiterando entendimento anterior[82], o Excelso Pretório, em decisão do Min. Marco Aurélio, proferida no AI 341.920-9-RS, a 30.5.2001, não autoriza que se incorpore o valor do vale-alimentação aos proventos de aposentadoria.

É a seguinte a decisão, *verbis*:

> *"Proventos — Valor — Prestação* in natura *e alimentícia — Vale-Alimentação — Agravo do Aposentado Provido.*
>
> *1. O Tribunal de Justiça do Estado do Rio Grande do Sul acolheu pedido formulado em apelação, sufragando tese que assim restou sintetizada:*
>
> *Servidor Público — Vale-Alimentação — Incorporação de seu Valor aos Proventos de Aposentadoria — Impossibilidade.*
>
> *Tratando-se o vale-alimentação de vantagem tipicamente condicional ou modal, sua incorporação a vencimentos, ausente previsão legal expressa, é impossível. Não sendo vantagem passível de incorporação a vencimentos, não pode ser incorporada a proventos e tão pouco a pensões. Inteligência do art. 7º da Lei n. 7.532/94 de Porto Alegre.*
>
> *Apelação provida. Reexame prejudicado (folha 12).*
>
> *No extraordinário de folha 21 à 28, interposto com alegada base na alínea* a *do permissivo constitucional, articula-se com o malferimento do artigo 40, § 4º, da Carta Política da República, defendendo-se, em suma, a extensão do benefício aos inativos.*
>
> *O Juízo primeiro de admissibilidade disse da harmonia da conclusão adotada pela Corte de origem com a jurisprudência desta Casa (folha 47 à 50).*

---

[82] V., sobre o tema, v. 3, p. 130.

2. Na interposição deste agravo foram observados os pressupostos de recorribilidade que lhe são inerentes. O Agravante, beneficiário da assistência judiciária gratuita, providenciou o traslado das peças previstas no artigo 544, § 1º, do Código de Processo Civil e o documento de folha 10 evidencia a regularidade da representação processual. Por outro lado, respeitou o prazo de dez dias assinado em lei.

O preceito do § 4º do artigo 40 é linear, ao revelar a igualização do que percebido em atividade e dos proventos da aposentadoria. Os valores devem ser os mesmos. Estivessem, é certo, os servidores em atividade, perceberiam o benefício e, portanto, teriam a ajuda-alimentação mencionada na lei estadual.

Há de se considerar a significação jurídica da parcela in natura *que vinha sendo satisfeita no tocante aos que se aposentaram. A verba integra a remuneração, mesmo porque tem um peso considerável, já que diz respeito aos alimentos. Sem ela o prestador dos serviços teria que proceder ao desembolso. Resultando em ônus para o tomador dos serviços, forçoso é concluir que compõe a natureza sinalagmática da relação jurídica. Este dado mostra-se como de importância maior, no que revela o auxílio-alimentação como vantagem que faz parte da remuneração e, portanto, do pagamento dos serviços prestados. Sem dúvida, está-se diante de salário* in natura, *tanto assim que o dispêndio consta na fixação do salário mínimo. Indaga-se: na hipótese de remuneração como a versada nestes autos, sendo o valor em pecúnia inferior ao salário mínimo, mesmo assim ter-se-á campo propício ao afastamento da integração pretendida? Diante do caráter abrangente do § 4º do artigo 40, hoje § 3º — Emenda Constitucional n. 20/98 — não é dado ao intérprete excluir da compreensão da norma esta ou aquela parcela. O legislador constituinte foi pedagógico ao revelar que:*

> *Os proventos da aposentadoria serão revistos, na mesma proporção e na mesma data, sempre que se modificar a remuneração dos servidores em ativi-*

dade, sendo também estendidos aos inativos quaisquer benefícios ou vantagens posteriormente concedidos aos servidores em atividade, inclusive quando decorrentes da transformação ou reclassificação do cargo ou função em que se deu a aposentadoria, na forma da lei.

Salta aos olhos o fim almejado, que outro não é senão a homenagem à igualização, valendo notar a explicitação pedagógica do constituinte derivado ao consignar no § 3º do artigo 40 da Carta, mediante a Emenda Constitucional n. 20/98, em plena época de enxugamento de despesas, que os proventos '... corresponderão à totalidade da remuneração'. Eis o teor do dispositivo constitucional:

> *§ 3º Os proventos da aposentadoria, por ocasião da sua concessão, serão calculados com base na remuneração do servidor no cargo efetivo em que se der a aposentadoria e, na forma da lei, corresponderão à totalidade da remuneração.*

Ora, a Corte de origem não deu o alcance devido ao preceito constitucional, deixando de reconhecer, repito, aos aposentados, o direito à integração, aos proventos, da parcela em comento, desconhecendo que o aspecto formal, retratado em norma de estatura local, não se sobrepõe à realidade, à ordem natural das coisas, muito menos à Carta da República, tendo em vista a definição de utilidades normalmente viabilizadas pela remuneração percebida — moradia, alimentação, educação, saúde, lazer, vestuário, higiene, transporte e previdência social. A partir do momento em que, ao invés de satisfazer, em pecúnia, a totalidade do que devido em razão da prestação de serviços — e a filantropia é coisa rara nos dias de hoje — o tomador público dos serviços parte para a mesclagem de procedimento, assume, de qualquer forma, a obrigação global, considerado o gênero remuneração.

A aposentadoria não pode implicar prejuízo remuneratório, ainda que se trate da exclusão de prestação in natura, já que, resultando de anos de serviços prestados, jamais pode ser tomada como fator de diminuição de ganho. O sistema constitucional é claro e preciso ao revelar uma única modificação — o trabalho é substituído pelo ócio, sem a perda dos direitos conquistados — na vinculação com a Administração Pública.

3. Destarte, conheço do pedido formulado neste agravo e o acolho para determinar o processamento do extraordinário.

4. Publique-se."[83]

[83] AI 341.920-9-RS, de 30.5.2001 (Wanthuir da Silva Aguiar *vs.* Município de Porto Alegre). Rel.: Min.: Marco Aurélio (DJ n. 171, Seção 1, de 21.9.2001, p. 88).

2. ASSISTÊNCIA SOCIAL

A questão adiante tratada cuida da assistência social devida a portador de deficiência ou ao idoso, acerca da aplicação do art. 203, inciso V, da Constituição, que passou a ter eficácia plena a partir da edição da Lei n. 8.742, de 7 de dezembro de 1993.

Trata-se do RE 308.107-1-SP, em despacho de 21.6.2001, da lavra do Min. Néri da Silveira, *verbis:*

"Vistos. Cuida-se de recurso extraordinário interposto com fundamento no art. 102, III, a, *da Constituição Federal, contra acórdão proferido pela Primeira Turma do Tribunal Regional Federal da 3ª Região, sintetizado na seguinte ementa:*

'Previdenciário. Assistência social. Incapacidade laboral comprovada. Aplicabilidade do art. 203, cf. termo inicial. Correção monetária. Juros de mora. Honorários advocatícios e periciais. Precatório. Prequestionamento.

1) A assistência social está garantida aos portadores de deficiência física e ao idoso (artigo 203, inciso V, da Constituição Federal — Lei n. 8.742/93 — Decreto n. 1.744/95).

2) Legitimidade do Instituto Nacional do Seguro Social para responder pela concessão e manutenção dos benefícios de prestação continuada definidos no art. 203 da Constituição Federal.

3) Comprovada a incapacidade total e permanente da autora, bem como a falta de condição para prover seu próprio sustento ou tê-lo provido por outrem, de quem dependa obrigatoriamente, faz ela jus ao benefício da Assistência Social, previsto no art. 203, V da Carta Magna.

4) A norma contida no art. 203 é auto-aplicável.

5) Honorários advocatícios mantidos na porcentagem de 15% sobre o montante da condenação, excluídas as parcelas vincendas. Súmula n. 111 do STJ. Precedentes da Corte.

6) Honorários periciais estabelecidos de acordo com os critérios da Lei n. 9.289/96.

7) A correção monetária deve incidir sobre as diferenças apuradas, na forma das Súmulas 43 e 148 do STJ, incidindo a Lei n. 6.899/81.

8) Juros de mora incidentes a partir da citação, à ordem de 6% ao ano. Arts. 1.062 e 1.535, § 2º, CC, c.c. art. 219, CPC.

9) Na ausência de pedido na esfera administrativa, o termo inicial do benefício é o da data da citação.

10) Os créditos de natureza alimentícia submetem-se ao precatório, nos termos do artigo 730 do CPC e ADIn 1.252-5 STF.

11) Para o prequestionamento para fins de interposição de recursos especial e extraordinário, não basta a simples menção ou referência a dispositivos legais ou constitucionais nas razões recursais, sendo necessária a indicação da literal violação ao texto da Lei Federal ou à Constituição.

12) Preliminar rejeitada. Apelação parcialmente provida.'

2. Em suas razões, sustenta o Instituto Nacional do Seguro Social — INSS, que o acórdão recorrido contrariou o art. 203, V, da Constituição Federal.

3. O apelo extremo não merece prosperar. A jurisprudência desta Corte é pacífica no sentido de que o dis-

posto no inciso V do artigo 203 da Constituição Federal tornou-se de eficácia plena com a edição da Lei n. 8.742, de 7 de dezembro de 1993.

4. O precedente dessa orientação está fixado no acórdão que decidiu a ADIn 1232-1/DF, rel. min. Maurício Corrêa, DJ 26.5.95, sintetizado na seguinte ementa:

'Medida liminar em ação direta de inconstitucionalidade. Conceito de 'Família incapaz de prover a manutenção da pessoa portadora de deficiência ou idosa' dado pelo § 3º do art. 20 da Lei Orgânica da Assistência Social (Lei n. 8.742, de 7.12.93) para regulamentar o art. 203, V, da Constituição Federal.

1 — Argüição de inconstitucionalidade do § 3º do art. 20 da Lei n. 8.742/93, que prevê o limite máximo de ¼ do salário mínimo de renda mensal per capita *da família para que seja considerada incapaz de prover a manutenção do idoso e do deficiente físico, ao argumento de que esvazia ou inviabiliza o exercício do direito ao benefício de um salário mínimo conferido pelo inciso V do art. 203 da Constituição.*

2 — A concessão da liminar suspendendo a disposição legal impugnada faria com que a norma constitucional voltasse a ter eficácia contida, a qual, por isto, ficaria novamente dependente de regulamentação legal para ser aplicada, privando a administração de conceder novos benefícios até o julgamento final da ação.

3 — O dano decorrente da suspensão cautelar da norma legal é maior do que a sua manutenção no sistema jurídico.

4 — Pedido cautelar indeferido.'

5. No mesmo sentido, dentre outros julgados, a Segunda Turma do STF, ao apreciar o RE 213736-7/SP, rel. min. Marco Aurélio, DJ 28.4.00, decidiu:

'Portador de Deficiência — Idoso — Benefício Mensal — Artigo 203, inciso V, da Constituição Fe-

deral. O disposto no inciso V do artigo 203 da Constituição Federal tornou-se de eficácia plena com a edição da Lei n. 8.742/93. Precedente: Ação Direta de Inconstitucionalidade n. 1.232-DF, relatada pelo Ministro Maurício Corrêa, com acórdão publicado na Revista Trimestral de Jurisprudência n. 154, pp. 818/820.'

No voto condutor do acórdão supra, ficou assentado:

'Em relação ao responsável pela satisfação da parcela, não há a menor dúvida que a Carta da República abrange seções distintas, consideradas a previdência social e a assistência social e que, nesta última, está o preceito garantidor da percepção de um salário mínimo de benefício mensal pela pessoa portadora de deficiência e pelo idoso que comprovem não possuir meios de prover a própria manutenção, ou de tê-la provida por sua família, conforme dispuser a lei. Todavia, quer no artigo 201, quer no artigo 203 da Constituição Federal não restou elucidado o responsável pelos benefícios compreendidos na previdência social e a assistência social. Esse aspecto é suficiente, como salientado pela Procuradoria-Geral da República, a conduzir ao não-conhecimento do extraordinário. Pelo que transparece das razões deste, ter-se-ia, no caso, regência, pela própria Lei n. 8.742, de 7 de dezembro de 1993, da responsabilidade pela concessão e manutenção do minguado benefício. Ocorre que possível desrespeito aos ditames legais, simplesmente legais, haveria de ser argüido perante o Superior Tribunal de Justiça no especial protocolado, que ficou restrito à questão dos honorários advocatícios.

Por tais razões, conheço e provejo parcialmente este recurso extraordinário para fixar como termo inicial da condenação a data em que regulamentado pela Lei n. 8.742/93 o inciso V do artigo 203 da Constituição Federal, mantidos os ônus da sucumbência ante a improcedência do pedido do Recorrido em parte mínima.'

6. Do exposto, apoiado no art. 38, da Lei n. 8.038, de 1990, e no art. 21, § 1º, do RISTF, nego seguimento ao presente recurso.

Publique-se."[84]

[84] RE 308.107-1-SP, de 21.6.2001 [Instituto Nacional do Seguro Social — INSS *vs.* Luzia Chagas (Representada por Dionísio Chagas)]. Rel.: Min. Néri da Silveira (DJ n. 167, Seção 1, de 17.9.2001, pp. 71-2).

3. BENEFÍCIOS PREVIDENCIÁRIOS

Os benefícios devidos pela Previdência Social são, com freqüência, objeto de exame pela Suprema Corte[85]. Adiante, estão apresentados alguns casos apreciados no ano 2001, tratando de temas de grande relevância.

A. Conversão

No decisório abaixo, que é o RE 257.063-0-RS, de 28.6.2001, da lavra do Min. Carlos Velloso, foi negado provimento ao apelo, tendo sido mantido o v. acórdão recorrido, que mandou que a conversão dos benefícios previdenciários fosse feita consoante o decidido na AC 97.04.32540-1-RS, que declarou inconstitucional a expressão *nominal*, constante do art. 20, I, da Lei n. 8.880/94, de 24 de maio de 1994.

É a seguinte a decisão:

"Vistos. O acórdão recorrido, em ação sob o rito ordinário, decidiu que a conversão dos benefícios previdenciários em URV deve ser feita na forma estabelecida no julgamento da argüição de inconstitucionalidade na AC 97.04.32540-1/RS, pelo qual se declarou a inconstitucionalidade da expressão nominal *contida no inciso I do art. 20 da Lei n. 8.880/94.*

Opostos embargos de declaração, foram eles providos para fazer juntar aos autos cópia do acórdão da citada argüição de inconstitucionalidade.

[85] V., sobre o tema, v. 3, p. 128, v. 4, p. 175.

Daí o RE, interposto pelo Instituto Nacional do Seguro Social, fundado no art. 102, III, a *e* b, *da Constituição Federal, sustentando ofensa aos arts. 2º; 5º, II; 37; 195, § 5º e 201, § 2º, da mesma Carta.*

Alega o recorrente, em síntese:

a) haver sido recomposta a perda do poder aquisitivo dos benefícios previdenciários, dado que, subordinados às diretrizes traçadas pela Lei n. 8.542/92, redação da Lei n. 8.700/93, 'foram eles, em janeiro de 1994, reajustados pelo índice da inflação verificada no quadrimestre imediatamente precedente';

b) atendendo ao critério do art. 201, § 2º, da CF, 'e em razão da revogação parcial da Lei n. 8.542/92 e total da Lei n. 8.700/93, pelo art. 42 da Lei n. 8.880/94, os reajustes periódicos a partir de então deveriam obedecer ao disposto no artigo 29, § 3º, deste último diploma';

c) 'a procedência da pretensão da parte autora, implicaria numa majoração do benefício, sem a sua respectiva fonte de custeio', afrontando-se, assim, o art. 195, § 5º, da Constituição Federal.

Admitido na origem, apenas quanto ao art. 201, § 2º, da Constituição Federal, subiram os autos.

O ilustre Subprocurador-Geral da República, Roberto Monteiro Gurgel Santos, opina pelo não conhecimento do recurso.

Autos conclusos nesta data.

Decido.

A decisão recorrida embasa-se em acórdão do Plenário do Tribunal a quo, *que declarou a 'inconstitucionalidade da expressão 'nominal' contida no art. 20, I, da Lei n. 8.880, de 1994, por violação aos princípios da manutenção do valor real dos benefícios e do direito adquirido', pelo que 'deve a conversão dos benefícios previdenciários em URVs ter por base os valores mensais de novembro e dezembro de 1993 e janeiro e fevereiro de 1994, plenamente compostos pelo índice legal', conforme esclarecido no despacho que admitiu o RE.*

O acórdão, ao declarar a inconstitucionalidade mencionada, baseou-se em dois fundamentos: ofensa ao art. 201, § 2º, da CF (princípio da preservação do valor real dos benefícios) e ofensa ao art. 5º, inc. XXXVI, da CF (princípio do direito adquirido).

São dois, portanto, os fundamentos suficientes do acórdão.

Todavia, o RE não cuida de um deles, o do direito adquirido (CF, art. 5º, XXXVI).

Pela letra a, *portanto, o RE é inviável (Súmula 283).*

Pela letra b, *melhor sorte não tem o recurso, bem esclareceu o eminente Ministro Sepúlveda Pertence, ao negar seguimento ao RE 300.952-RS, caso idêntico a este. Escreveu S. Exa.:*

> *'(...)*
>
> *Certo, é menor a exigência formal do RE pela letra* b, *não sendo desarrazoado sustentar que, declarada a inconstitucionalidade da lei federal, a sua interposição devolve ao Tribunal integralmente a questão: isso, entretanto, no sentido de que pode o Tribunal, para decidir da questão, pela validade ou invalidade da lei questionada, valer-se de preceito constitucional de que não haja cogitado o acórdão recorrido.*
>
> *Daí não se segue, porém, que à recorrente não se haja de exigir impugnação idônea à declaração de inconstitucionalidade que impugna, para o que é imprescindível que considere os fundamentos bastantes do acórdão* a quo: *se não o faz, quando se entenda não incidir a Súmula 283, será de aplicar-se a Súmula 284.*
>
> *Assim entendeu a Primeira Turma, em casos idênticos, ao julgar, em 5.12.00, o RE 253.185 (AgRg) e dezenas de outros, relatados pelo em. Ministro Ilmar Galvão.*
>
> *(...)'.*

Do exposto, nego seguimento ao recurso.

Publique-se."[86]

B. Correção

A correção dos benefícios previdenciários igualmente é tema bastante abordado pelo STF[87]. No julgado a seguir, que é o RE 291.876-8-RJ, de 15.5.2001, da lavra do Min. Moreira Alves, a 1ª Turma da Suprema Corte explicitou os períodos em que é possível essa correção com base no salário mínimo.

É a seguinte a decisão:

"Previdência social. Correção dos benefícios com base no salário mínimo.

— No caso, até a promulgação da atual Constituição, o acórdão recorrido mandou aplicar, com o entendimento que lhe deu, o critério da Súmula 260 do extinto Tribunal Federal de Recursos, que se funda na legislação

---

[86] RE 257.063-0-RS, de 28.6.2001 (Instituto Nacional do Seguro Social — INSS *vs.* Casemiro Sesti e outros). Rel.: Min. Carlos Velloso (DJ n. 170, Seção 1, de 20.9.2001, p. 57). No mesmo sentido: ADIn 420-4-ES-questão de ordem, de 3.2.1994 (Governador do Estado do Espírito Santo *vs.* Assembléia Legislativa do Estado do Espírito Santo). Rel.: Min. Néri da Silveira (DJ n. 166, Seção 1, de 14.9.2001, p.48); ADIn 1.946-5-DF — medida liminar, de 29.4.2001 (Partido Socialista Brasileiro — PSB *vs.* Mesas da Câmara dos Deputados e do Senado Federal). Rel.: Min. Sydney Sanches (DJ n. 166. Seção 1, de 14.9.2001, pp. 48-9); RE 254.240-7-SP, 25.6.2001 (Empresas Folha da Manhã S/A *vs.* José Ricardo Fernandes Falcão). Rel.: Min. Carlos Velloso (DJ n. 167, Seção 1, de 17.9.2001, p. 55); RE 260.821-1-RS, de 25.6.2001 (Instituto Nacional do Seguro Social — INSS *vs.* Emílio Manoel Pedrotti) Rel.: Min. Carlos Velloso (DJ n. 167, Seção 1, de 17.9.2001, pp. 56-7); RE 260.872-6-PB, de 5.6.2001 (União Federal *vs.* Niedja Maria Fernandes Aragão e outros). Rel.: Min. Sepúlveda Pertence (DJ n. 166, Seção 1, de 14.9.2001, p. 104); RE 281.252-9-RS, de 6.6.2001 (União Federal *vs.* Metalgusa Indústria e Comércio de Metais Ltda.). Rel.: Min. Néri da Silveira (DJ n. 166, Seção 1, de 14.9.2001, p. 104); RE 260.096-2-RS, de 25.6.2001 (Instituto Nacional do Seguro Social — INSS *vs.* João Fruet Filho). Rel.: Min. Carlos Velloso (DJ n. 168, Seção 1, de 18.9.2001, pp. 83-4); RE 295.091-2-SC, de 25.6.2001 (Instituto Nacional do Seguro Social — INSS *vs.* Dionete de Oliveira Maurício). Rel.: Min. Carlos Velloso (DJ n. 169, Seção 1, de 19.9.2001, p. 57); RE 295.437-3-SC, de 25.6.2001 (Instituto Nacional do Seguro Social *vs.* Arno Gustavo Hartmann e outros). Rel.: Min. Carlos Velloso (DJ n. 169, Seção 1, de 19.9.2001, p. 58); RE 257.320-5-SC, de 28.6.2001 (Instituto Nacional do Seguro Social *vs.* Mansueto Abramo Durante). Rel.: Min. Carlos Velloso (DJ n. 171, Seção 1, de 21.9.2001, p. 109).

[87] V., sobre o tema, v. 4, p. 175.

infraconstitucional, não havendo o prequestionamento de questão constitucional a esse respeito. Já no período que vai da promulgação da Carta Magna até o sétimo mês após a sua vigência, a revisão em causa vinculada ao salário mínimo viola o disposto no artigo 58 do ADCT, porque se este só determinou esse critério de revisão a partir do sétimo mês após a promulgação da Constituição é porque a partir desta até esse sétimo mês tal critério não é admitido por ele. Segue-se o período que vai do sétimo mês depois da promulgação da Carta Magna até a implantação do plano de custeio e benefícios que ocorreu com a entrada em vigor da Lei n. 8.213/91, no qual a correção dos benefícios com base no salário mínimo decorre da aplicação do artigo 58 do ADCT. A partir, porém, da vigência da referida Lei, esse critério de correção vinculada ao salário mínimo ofende o disposto na parte final do § 2º do artigo 201 da Constituição e no artigo 58 do ADCT.

Recurso extraordinário conhecido em parte, e nela provido."[88]

C. Marido. Igualdade

Da mesma forma como o art. 5º, I, da Constituição da República, veda a distinção em razão de sexo, dentre outras, o STF entendeu que o marido também tem direito a ser incluído como dependente da mulher perante órgão previdenciário. Um grande avanço, sem dúvida, sobretudo no momento em que é reconhecida a absoluta igualdade entre homem e mulher.

São várias as decisões. Citamos duas. A primeira foi o julgado no RE 204.193-9-RS, de 30.5.2001, da lavra do Min. Carlos Velloso, cuja informação tem o seguinte teor:

"Concluído o julgamento de uma série de recursos extraordinários interpostos pelo Instituto de Previdência

[88] RE 291.876-8-RJ, de 15.5.2001 (Instituto Nacional do Seguro Social — INSS *vs.* Severino de Oliveira Lira). Rel.: Min. Moreira Alves (DJ n. 115-E, Seção 1, de 22.6.2001, p. 36). No mesmo sentido: RE 302.210-5-RJ, de 8.5.2001 (Instituto Nacional do Seguro Social — INSS *vs.* José Ferreira Filho). Rel.: Min. Moreira Alves (DJ n. 106-E, Seção 1, de 8.6.2001, p. 21).

do Estado do Rio Grande do Sul — IPERGS (v. Informativo 98), em que se discutia o direito de inclusão dos cônjuges das recorridas como dependentes perante aquele órgão previdenciário. O Tribunal acompanhou o voto do Min. Carlos Velloso, relator, conhecendo do recurso e lhe dando provimento para reformar o acórdão impugnado por entender que seria necessário lei específica para a inclusão de maridos de servidoras públicas como beneficiários de pensão."[89]

A Min. Ellen Gracie, além de encontrar violação ao art. 5º I, da Carta Magna, igualmente invocou a regra do art. 201, V, da Lei Maior, como se verifica no RE 201.572-5-RS, de 30.5.2001, que possui a seguinte informação, *verbis*:

"Com o entendimento acima mencionado, o Tribunal, por maioria, julgou outra série de recursos extraordinários sobre o mesmo assunto, vencido o Min. Marco Aurélio, relator, por entender que a indicação dos maridos das recorridas como dependentes do Instituto de Previdência do Estado do Rio Grande do Sul — IPERGS harmoniza-se com o princípio da igualdade (CF, art. 5º, I) e com o art. 201, V, da CF ('Art. 201. Os planos de previdência social, mediante contribuição, atenderão, nos termos da lei, a: ... V — pensão por morte de segurado, homem ou mulher, ao cônjuge ou companheiro e dependentes, obedecido o disposto no § 5º e no art. 202.')."[90]

---

[89] Informativo STF n. 230, de 12.6.2001, p. 1, com decisão prolatada pelo Min. Carlos Velloso no RE 204.193-9-RS (Instituto de Previdência do Estado do Rio Grande do Sul — IPERGS *vs.* Aurelia Stefanello Fagan e outros), publicada no DJ n. 109-E, Seção 1, de 13.6.2001, p. 3. No mesmo sentido: RE 204.735-0-RS, de 7.10.1997 (Alice Maria Schneider e outros *vs.* Instituto de Previdência do Estado do Rio Grande do Sul — IPERGS). Rel.: Min. Carlos Velloso (DJ n. 176, Seção 1, de 28.9.2001, p. 50); RE 297.260-6-RS, de 31.8.2001(Caixa Econômica Federal *vs.* Eduardo Pilato e outros). Rel.: Min. Sidney Sanches (DJ n. 135, Seção 1, de 25.4.2001, p. 62).

[90] Informativo STF n. 230, de 13.6.2001, p. 1, com decisão prolatada pela Min. Ellen Gracie no RE 201.572-5-RS, de 30.5.2001 (Ministério Público Estadual e Instituto de Previdência do Estado do Rio Grande do Sul — IPERGS *vs.* Vera Lúcia Salles Ilha), publicada no DJ n. 109-E, Seção 1, de 13.6.2001, p. 3. No mesmo sentido: RE 205.896-3-RS, de 30.5.2001 (Newton Gonçalves Dumont *vs.* Instituto de Previdência do Estado do Rio Grande do Sul — IPERGS). Rel.: Min. Marco Aurélio (DJ n. 166, Seção 1, de 14.9.2001, p 62); RE 207.189-7-RS, de 30.5.2001 (Alpha Mirapalhete Espíndola e outras *vs.* Instituto de Previdência do Estado do Rio Grande do Sul — IPERGS). Rel.: Min. Marco Aurélio (DJ n. 166, Seção 1, de 14.9.2001, p. 62).

4. CONTRIBUIÇÃO SOCIAL

Não viola a Constituição da República a cobrança de contribuição social[91] à empresa, devida à Previdência Social, não ensejando bitributação. Com efeito, o Excelso Pretório entendeu que sua cobrança é constitucional. Neste sentido, a decisão adotada no RE 252.191-4-MG, de 28.6.2001, da lavra do Min. Maurício Corrêa, *verbis:*

"O Tribunal a quo *entendeu que não enseja bitributação e não ofende o princípio da não-cumulatividade a contribuição social incidente sobre a remuneração ou retribuição por serviços prestados por autônomos, empresários, avulsos e outras pessoas físicas, sem vínculo empregatício, instituída pela Lei Complementar n. 84/96, porquanto a vedação expressa no artigo 154, I, da Constituição é dirigida exclusivamente aos impostos, além de a nova exação possuir base de cálculo e fato gerador diversos de qualquer outra contribuição.*

2. Inconformada com essa decisão, a contribuinte interpôs o presente recurso extraordinário, com fundamento no artigo 102, III, a, do Texto Fundamental, sustentando a inconstitucionalidade da Lei Complementar n. 84/96, por flagrante afronta ao artigo 154, I, da Carta Federal, e afinal requer o seu provimento para que seja reformado integralmente o acórdão recorrido.

3. O recurso não há de prosperar. O Plenário desta Corte, na Sessão de 1º de outubro de 1998, ao julgar o RE n. 228.321-RS, declarou a constitucionalidade da referida Contribuição Social, assentando não ser vedada

[91] V., sobre o tema, v. 4, p. 177.

pela Constituição de 1988 a coincidência da base de cálculo da exação com a de imposto já existente, e que a remissão contida na parte final do artigo 195, § 4º, da mesma Carta, restringe-se à necessidade de lei complementar para criação de novas contribuições.

4. Ante o exposto, com base no artigo 21, § 1º, do RISTF, nego seguimento ao recurso.

Intime-se." [92]

---

[92] RE 252.191-4-MG, de 28.6.2001 (Peixoto Comércio e Importação Ltda. *vs*. Instituto Nacional do Seguro Social — INSS). Rel.: Min. Maurício Corrêa (DJ n. 172, Seção 1, de 24.9.2001, p. 48).

PARTE VI

OUTROS TEMAS

A. Associação. Ilegitimidade ativa

Não possui associação de classe legitimidade ativa para a propositura de ação direta de inconstitucionalidade, a teor do art. 103, IX, 2ª parte, da Constituição. Assim decidiu a Suprema Corte, no julgamento da ADIn (AGRG) 2.180-0-SP, a 18.4.2001, sendo relator o Min. Néri da Silveira, *verbis*:

> *"Ação direta de inconstitucionalidade. Agravo regimental. 2. Despacho que, acolhendo preliminar de ilegitimidade ativa* ad causam *suscitada pela PGR e pelo requerido, negou seguimento à ação direta de inconstitucionalidade. 3. A agravante é entidade que congrega associações. Condição de entidade de classe de âmbito nacional, aos fins do art. 103, IX, 2ª parte, da Constituição, não reconhecida, nos termos da jurisprudência da Corte. 4. Agravo regimental a que se nega provimento."*[93]

B. Confederação. Legitimidade ativa

As confederações, diversamente das associações, são parte legítima para propositura de ADIn. No entanto, a regra não é absoluta e, consoante o Excelso Pretório, não se trata apenas de questão de mera nomenclatura. No julgado adiante, proferida na ADIn 1.971-6-SP — medida liminar, de 1º.8.2001, o Min. Celso de Mello, seu relator, demonstra dois aspectos

[93] ADIn (AGRG) 2.180-0-SP, de 18.4.2001 (ABIA — Associação Brasileira das Indústrias da Alimentação *vs.* Governador do Estado de São Paulo e Assembléia Legislativa do Estado de São Paulo). Rel.: Min. Néri da Silveira (DJ n. 157-E, Seção 1, de 31.8.2001, p. 37).

de grande importância. Primeiro, a Confederação Nacional de Dirigentes Lojistas é uma *associação de associações* (as Câmaras de Dirigentes Lojistas são reunidas nas Federações por elas constituídas, e estas na CNDL). Segundo, a Convenção Batista Nacional também é uma *associação de associações* (as Igrejas Batistas Nacionais reúnem-se em Convenções Batistas Nacionais Estaduais e estas na Convenção Batista Nacional). Sendo assim, ambas (Confederação Nacional de Dirigentes Lojistas e Convenção Batista Nacional) não possuem legitimidade ativa para propositura de ADIn.

A decisão é a seguinte, *verbis:*

"A Confederação Nacional de Dirigentes Lojistas — CNDL, invocando a condição de entidade de classe de âmbito nacional (CF, art. 103, IX), ajuíza a presente ação direta de inconstitucionalidade impugnando os arts. 2º, 3º e 8º da Lei n. 9.718, de 27 de novembro de 1998.

Sustenta-se, na presente ação direta, que as normas legais ora impugnadas ofendem os arts. 146, III, a; *154, I e 195,* caput, *I e § 4º, todos da Constituição Federal.*

A Confederação Nacional de Dirigentes Lojistas — CNDL formulou pedido de desistência da presente ação direta (fls. 98), que, no entanto, foi por mim indeferido, em decisão assim ementada (fls. 101/104):

> *'Ação Direta de Inconstitucionalidade. Pedido de desistência. Impossibilidade. Interesse público. Princípio da indisponibilidade. Postulação indeferida.*
>
> *— Instaurado o processo de controle normativo abstrato perante o Supremo Tribunal Federal, não mais assiste ao autor qualquer poder de disposição sobre a ação direta de inconstitucionalidade. Em conseqüência, não lhe será lícito requerer a desistência de ação direta já ajuizada. Precedentes do STF.'*
>
> *(ADIn 1.971-SP (Medida Cautelar), Rel. Min. Celso de Mello).*

Presente esse contexto, e em face de ajuizamento de outra ação direta, pela Convenção Batista Nacional, cujo objeto de impugnação corresponde, exatamente, ao deduzido nesta sede processual (fls. 6), deu-se o apensamento da ação subseqüente, a estes autos, mantendo-se o número de registro da primeira ação direta, nos termos da decisão plenária, proferida por esta Suprema Corte, na ADIn 1.460-DF, Rel. Min. Sydney Sanches (DJU de 25.3.99).

Impõe-se analisar, no presente caso, questão preliminar pertinente à legitimidade ativa ad causam *das autoras.*

O Ministério Público Federal, em parecer do eminente Procurador-Geral da República, Dr. Geraldo Brindeiro, assim justificou a ilegitimidade ativa ad causam *da Confederação Nacional de Dirigentes Lojistas (fls. 109/111):*

'No tocante à legitimatio *de entidades de classe e confederações sindicais para propositura de ações diretas de inconstitucionalidade é pacífico o entendimento, tanto doutrinário quanto jurisprudencial, de que não se reconhece a legitimidade às entidades de composição heterogênea, em cujo âmbito podem congregar-se tanto entes civis quanto pessoas jurídicas de direito público.*

Assim, essa Suprema Corte tem decidido reiteradamente que as entidades de classe de âmbito nacional compostas de pessoas jurídicas caracterizam-se como associação de associações, cujo obstáculo jurídico insuperável a desqualifica como entidade sindical tendo em vista a heterogeneidade de sua composição.

A autora, embora se denomine Confederação, *não é entidade sindical, mas sim, entidade civil, como consta do artigo 1º de seu estatuto, congregando Federações constituídas de Câmaras de Diretores lojistas e seus associados (artigo 2º, letra* a, *do mencionado estatuto) (fls. 20).*

Na verdade, as Câmaras, as Federações e Confederações têm personalidades jurídicas distintas, com direção própria, como se observa no estatuto (fls. 21/23), uma vez que as primeiras filiam-se às segundas e estas à terceira. Assim, a Confederação é uma entidade civil, de caráter associativo, que reúne em seus quadros outras entidades civis — as Federações — que, por sua vez, congregam outras mais — as Câmaras. Conclui-se, portanto, que a Confederação dos Diretores Lojistas não possui caráter sindical por ser uma entidade civil a que se filiam outras entidades civis, ou seja, uma associação integrada por outras associações.'

Cabe assinalar, tendo-se presente a questão preliminar ora suscitada, que os Estatutos da Confederação Nacional de Dirigentes Lojistas, em seu art. 2º, indicam, entre as suas finalidades, a de 'congregar as Federações constituídas pelas Câmaras de Dirigentes lojistas (CDL) e seus Associados' (fls. 20). Estas, por sua vez, 'serão, obrigatoriamente, sociedades civis sem fins lucrativos, sem filiação político-partidária ou religiosa, constituídas por empresas que se dediquem ao comércio lojista' (fls. 21).

Vê-se, pois, que as empresas que se dedicam ao comércio lojista reúnem-se em Câmaras de Dirigentes Lojistas (CDL), que, por sua vez, agregam-se em Federações constituídas pelas Câmaras de Dirigentes Lojistas (FCDL), as quais se acham abrangidas, nessa estrutura verdadeiramente piramidal, pela Confederação Nacional de Dirigentes Lojistas (CNDL).

É irrecusável, portanto, considerada a própria estrutura de composição da CNDL, que esta se qualifica como verdadeira associação de associações.

Entendo, sob tal perspectiva, que falece, a essa autora, a necessária qualidade para agir em sede de controle normativo abstrato, pois as associações de associações não dispõem de legitimidade ativa para o ajuizamento da ação direta de inconstitucionalidade.

Impõe-se registrar, neste ponto, que o Supremo Tribunal Federal, em sucessivos pronunciamentos, tem salientado, a propósito do tema ora em exame, que não se qualificam como entidades de classe, para efeito de ajuizamento de ação direta, aquelas organizações, que, congregando pessoas jurídicas, constituem verdadeiras associações de associações.

Em tais hipóteses, tem-se-lhes negado a qualidade reclamada pelo Texto Constitucional, pois pessoas jurídicas, ainda que coletivamente organizadas como instrumentos de representação de categorias profissionais ou econômicas, não formam classe alguma, falecendo-lhes, em conseqüência, legitimidade ativa para a instauração do processo de fiscalização abstrata de constitucionalidade (RTJ 132/561 — RTJ 140/752 — RTJ 141/3 — RTJ 152/112-113 — RTJ 152/782 — ADI 1.437-PR, Rel. Min. Ilmar Galvão):

> *'Não se qualificam como entidades de classe, para fins de ajuizamento da ação direta de inconstitucionalidade, aquelas que, congregando exclusivamente pessoas jurídicas, apresentam-se como verdadeiras associações de associações. Pessoas de direito privado, ainda que coletivamente representativas de categorias profissionais ou econômicas, não constituem, até mesmo em função de sua própria natureza jurídica, classe alguma. Precedentes.'*
>
> *(RTJ 147/401, Rel. Min. Celso de Mello).*

De igual modo, entendo falecer qualidade à Convenção Batista Nacional para agir em sede de controle normativo abstrato.

É que também a CBN constitui verdadeira associação de associações. Com efeito, o art. 2º de seus Estatutos (fls. 14/25) indica que 'A CBN é constituída das Igrejas Batistas Nacionais a ela filiadas através das Convenções Batistas Nacionais Estaduais...', prescrevendo, o art. 3º do instrumento estatutário, em verdadeira atestação de que se cuida, no caso, de associação de associações, que 'A CBN tem por finalidade unir as igrejas a ela filiadas...'.

Também o art. 10 dos Estatutos, ao enfatizar esse particular aspecto da organização estrutural da CBN, esclarece que à Convenção Batista Nacional 'serão filiadas e arroladas as Igrejas Batistas Nacionais cooperantes moral, espiritual e financeiramente...'.

Vê-se, desse modo, que as Igrejas Batistas Nacionais reúnem-se em Convenções Batistas Nacionais Estaduais, que, por sua vez, constituem a Convenção Batista Nacional.

Dentro dessa perspectiva — e na linha do entendimento desta Suprema Corte —, revela-se inviável, em sede de controle normativo abstrato, reconhecer, à autora (CBN), a necessária legitimidade ativa ad causam.

A inviabilidade da presente ação direta, em decorrência das razões mencionadas, impõe uma observação final: no desempenho dos poderes processuais de que dispõe, assiste, ao Ministro Relator, competência plena para exercer, monocraticamente, o controle das ações, pedidos ou recursos dirigidos ao Supremo Tribunal Federal, legitimando-se, em conseqüência, os atos decisórios que, nessa condição, venha a praticar.

Cumpre acentuar, neste ponto, que o Pleno do Supremo Tribunal Federal reconheceu a inteira validade constitucional da norma legal que inclui, na esfera de atribuições do Relator, a competência para negar trânsito, em decisão monocrática, a recursos, pedidos ou ações, quando incabíveis, intempestivos, sem objeto ou que veiculem pretensão incompatível com a jurisprudência predominante do Tribunal (RTJ 139/53):

'Poderes Processuais do Ministro Relator.

— Assiste ao Ministro Relator competência plena, para, com fundamento nos poderes processuais de que dispõe, exercer o controle de admissibilidade das ações, pedidos ou recursos

dirigidos ao Supremo Tribunal Federal. Cabe-lhe, em conseqüência, poder para negar trânsito, em decisão monocrática, a ações, pedidos ou recursos incabíveis, intempestivos, sem objeto ou que veiculem pretensão incompatível com a jurisprudência predominante do Tribunal. Precedentes.'

(RTJ 168/174-175, Rel. Min. Celso de Mello).

Cabe enfatizar, por necessário, que esse entendimento jurisprudencial é também aplicável aos processos de ação direta de inconstitucionalidade (ADI 563-DF, Rel. Min. Paulo Brossard — ADI 593-GO, Rel. Min. Marco Aurélio — ADI 2.060-RJ, Rel. Min. Celso de Mello — ADI 2.207-AL, Rel. Min. Celso de Mello — ADI 2.215-PE, Rel. Min. Celso de Mello, v.g.*), eis que, tal como já assentou o Plenário do Supremo Tribunal Federal, o ordenamento positivo brasileiro 'não subtrai, ao Relator da causa, o poder de efetuar — enquanto responsável pela ordenação e direção do processo (RISTF, art. 21, I) — o controle prévio dos requisitos formais da fiscalização normativa abstrata, o que inclui, dentre outras atribuições, o exame dos pressupostos processuais e das condições da própria ação direta' (RTJ 139/67, Rel. Min. Celso de Mello).*

Sendo assim, e pelas razões expostas (ausência de legitimidade ativa ad causam *das autoras), julgo extinto este processo de controle abstrato de constitucionalidade, restando prejudicada, em conseqüência, a apreciação do pedido de medida cautelar.*

Arquivem-se os presentes autos.

Publique-se."[94]

---

[94] ADIn 1.971-6-SP — medida liminar, de 1º.8.2001 (Confederação Nacional de Dirigentes Lojistas e Convenção Batista Nacional *vs.* Presidente da República e Congresso Nacional). Rel.: Min. Celso de Mello (DJ n. 144-E, Seção 1, de 14.8.2001, p. 229).

C. Omissão legislativa

Foi pretendida a declaração de inconstitucionalidade por omissão parcial dos Poderes Executivo e Legislativo referente à Lei n. 9.295, de 19.7.1996, que *dispõe sobre os serviços de telecomunicações e sua organização, sobre o órgão regulador e dá outras providências*, ao argumento de que estaria sendo vulnerado o art. 21, XI, da Constituição.

A longa e pormenorizada decisão do Min. Celso de Mello, relator da ADIn 1484-6-DF, de 21.8.2001, entendeu pela extinção do processo, em virtude da perda superveniente de objeto, por entender que a mencionada lei representou, de maneira efetiva, o adimplemento da obrigação constitucional do Poder Público.

A ementa do aresto é a seguinte:

> *"Ação direta. Inconstitucionalidade por omissão parcial. Descumprimento, pelo poder público, de imposição constitucional legiferante. Efeito da decisão que reconhece o estado de mora constitucional. Superveniência de lei que vem a colmatar as omissões normativas apontadas. Prejudicialidade. Extinção do processo.*
>
> *A* transgressão *da ordem constitucional pode consumar-se mediante* ação *(violação positiva)* ou *mediante* omissão *(violação negativa).*
>
> *— O desrespeito à Constituição tanto pode ocorrer mediante ação estatal quanto mediante inércia governamental. A situação de inconstitucionalidade pode derivar de um comportamento ativo do Poder Público, seja quando este vem a fazer o que o estatuto constitucional não lhe permite, seja, ainda, quando vem a editar normas em desacordo, formal ou material, com o que dispõe a Constituição. Essa conduta estatal, que importa em um* facere *(atuação positiva), gera a inconstitucionalidade por ação.*
>
> *— Se o Estado, no entanto, deixar de adotar as medidas necessárias à realização concreta dos preceitos da Constituição, abstendo-se, em conseqüên-*

cia, de cumprir o dever de prestação que a própria Carta Política lhe impôs, incidirá em violação negativa do Texto Constitucional. Desse non facere *ou* non praestare, *resultará a inconstitucionalidade por omissão, que pode ser total (quando é nenhuma a providência adotada) ou parcial (quando é insuficiente a medida efetivada pelo Poder Público). Entendimento prevalecente na jurisprudência do Supremo Tribunal Federal: RTJ 162/877-879, Rel. Min. Celso de Mello (Pleno).*

— A omissão do Estado — que deixa de cumprir, em maior ou em menor extensão, a imposição ditada pelo Texto Constitucional — qualifica-se como comportamento revestido da maior gravidade político-jurídica, eis que, mediante inércia, o Poder Público também desrespeita a Constituição, também ofende direitos que nela se fundam e também impede, por ausência (ou insuficiência) de medidas concretizadoras, a própria aplicabilidade dos postulados e princípios da Lei Fundamental.

Descumprimento de Imposição Constitucional Legiferante e Desvalorização Funcional da Constituição Escrita.

— O Poder Público — quando se abstém de cumprir, total ou parcialmente, o dever de legislar, imposto em cláusula constitucional, de caráter mandatório — infringe, com esse comportamento negativo, a própria integridade da Lei Fundamental, estimulando, no âmbito do Estado, o preocupante fenômeno da erosão da consciência constitucional.

— A inércia estatal em adimplir as imposições constitucionais traduz inaceitável gesto de desprezo pela autoridade da Constituição e configura, por isso mesmo, comportamento que deve ser evitado. É que nada se revela mais nocivo, perigoso e ilegítimo do que elaborar uma Constituição, sem a vontade de fazê-la cumprir integralmente, ou, então, de apenas executá-la com o propósito subalterno de torná-la aplicável somente nos pontos que se mos-

trarem ajustados à conveniência e aos desígnios dos governantes, em detrimento dos interesses maiores dos cidadãos.

Efeitos *que, em sede de ação direta,* resultam *da declaração, pelo Supremo Tribunal Federal, do estado de mora constitucional.*

— O reconhecimento formal, em sede de ação direta, mediante decisão da Suprema Corte, de que o Poder Público incorreu em inadimplemento de obrigação fixada no texto da própria Constituição, somente autoriza o STF a dirigir-lhe mera comunicação, ainda que em caráter admonitório, para cientificá-lo de que se acha em mora constitucional, ressalvado o caráter mandamental dessa mesma decisão, quando se tratar, excepcionalmente, de órgão administrativo, hipótese em que este terá que cumprir a determinação da Corte, 'em trinta dias' *(CF, art. 103, § 2º).*

— O Supremo Tribunal Federal, em sede de controle abstrato, ao declarar a situação de inconstitucionalidade por omissão, não poderá, em hipótese alguma, substituindo-se ao órgão estatal inadimplente, expedir provimentos normativos que atuem como sucedâneo da norma reclamada pela Constituição, mas não editada — ou editada de maneira incompleta — pelo Poder Público.

Superveniência *da Lei Reclamada e* Prejudicialidade *da Ação Direta de Inconstitucionalidade por Omissão Parcial.*

— O estado de incompleta regulamentação legislativa de determinada prescrição constitucional, quando resulte suprido por efeito de ulterior complementação normativa, importa em prejudicialidade da ação direta, em virtude da perda superveniente de seu objeto."

A decisão tem o seguinte teor, *verbis:*

"O eminente Procurador-Geral da República, Prof. Geraldo Brindeiro — ao opinar, em douto parecer, pela

ocorrência, na espécie, de hipótese caracterizadora de prejudicialidade desta ação direta — assim resumiu e apreciou a presente causa (fls. 76/78):

'Trata-se de ação direta de inconstitucionalidade proposta pelo Partido Democrático Trabalhista (PDT) e pelo Partido dos Trabalhadores (PT), objetivando a declaração de inconstitucionalidade por omissão parcial dos Poderes Executivo e Legislativo referente a Lei n. 9.295, de 19 de julho de 1996 que 'dispõe sobre os serviços de telecomunicações e sua organização, sobre o órgão regulador e dá outras providências'.

Sustentam, em síntese, os requerentes (1) que a Lei n. 9.295/96 afronta o art. 21, inciso XI, Carta Magna, uma vez que este dispositivo condiciona a flexibilização dos serviços de telecomunicações à edição de uma lei nova, que deve dispor sobre todos os aspectos institucionais do setor, não podendo deixar de incluir a organização dos serviços e a criação de um órgão regulador; (2) ofensa ao art. 173, § 4º, da CF diante da necessidade de existência de legislação que reprima o abuso do poder econômico; (3) violação ao princípio constitucional que veda o abuso do poder econômico e o monopólio direto ou indireto dos meios de comunicação social, previsto no art. 220, § 5º, da CF; (4) inadequação de vigência simultânea da Lei n. 9.295/96 e da Lei n. 4.117/62, em razão das concepções distintas na prestação dos serviços de telecomunicações.

Apresentadas as informações pelo Presidente da República (fls. 37/59) e pelo Congresso Nacional (fls. 62/73) e ouvido o Advogado-Geral da União, vieram os autos com vista a esta Procuradoria-Geral da República para manifestação sobre o mérito.

Postulam os requerentes a declaração de mora inconstitucional por omissão parcial dos Poderes Executivo e Legislativo na regulamentação da criação do órgão regulador e da organização dos servi-

ços de telecomunicações, tendo em vista que a Lei n. 9.295, promulgada em 19 de julho de 1996, não tratou das referidas matérias conforme condiciona o disposto no art. 21, inciso XI, da Constituição Federal.

Ocorre que embora o legislador estivesse em mora ao momento do ajuizamento da ação, veio a supri-la ao editar a Lei n. 9.472, de 16 de julho de 1997, que dispõe sobre a organização dos serviços de telecomunicações (Livro III), a criação e funcionamento de um órgão regulador (art. 8º a 17, Livro II, Título I) e outros aspectos institucionais, nos termos da Emenda Constitucional n. 8/95, o que torna evidente o suprimento da omissão apontada pela inicial, de modo a ficar prejudicado o pedido.

Por fim, a alegada inadequação de vigência simultânea da Lei n. 9.295/96 e da Lei n. 4.117/62, como bem colocado nas informações da Advocacia-Geral da União, não subsiste, porquanto, os dispositivos desta que previam outorga de concessão a empresas não-estatais não foram recepcionados pela Constituição de 1988.

Com a promulgação e publicação da Emenda Constitucional n. 8/95 desapareceu a exclusividade das empresas estatais, tornando possível a outorga a particulares. Então, como as disposições da Lei n. 4.117/62 que permitiam outorga a empresas não-estatais estavam revogadas tornou-se necessário, revigorá-las através do art. 1º, da Lei n. 9.295/96, operando, assim, de maneira expressa, a repristinação da Lei n. 4.117/62, no que concerne aos dispositivos não-recepcionados pela Constituição de 1988.

Ante o exposto, o parecer é no sentido de que seja julgada prejudicada a presente ação direta de inconstitucionalidade, em face da edição da Lei n. 9.472, de 16 de julho de 1997' (grifei).

Passo a apreciar a questão pertinente à alegada configuração, no caso ora em exame, de situação tipificadora de prejudicialidade da presente ação direta.

A análise dessa questão, contudo, impõe algumas reflexões prévias em torno do relevantíssimo problema suscitado pela omissão do Estado, decorrente da inércia de suas instituições, quanto à concretização das imposições legiferantes fundadas em cláusulas constitucionais mandatórias.

O Plenário do Supremo Tribunal Federal, consciente dos gravíssimos efeitos jurídicos, políticos e sociais que derivam do desrespeito estatal à Constituição da República, quaisquer que possam ser as modalidades de comportamentos inconstitucionais em que haja incidido o Poder Público, teve o ensejo — quando do julgamento da ADIn 1.458/MC-DF, Rel. Min. Celso de Mello — de censurar o gesto daqueles, que, por ação ou omissão, transgridem a supremacia do estatuto constitucional:

> *'Desrespeito à Constituição — Modalidades de comportamentos inconstitucionais do Poder Público.*
>
> *— O desrespeito à Constituição tanto pode ocorrer mediante ação estatal quanto mediante inércia governamental. A situação de inconstitucionalidade pode derivar de um comportamento ativo do Poder Público, que age ou edita normas em desacordo com o que dispõe a Constituição, ofendendo-lhe, assim, os preceitos e os princípios que nela se acham consignados. Essa conduta estatal, que importa em um* facere *(atuação positiva), gera a inconstitucionalidade por ação.*
>
> *— Se o Estado deixar de adotar as medidas necessárias à realização concreta dos preceitos da Constituição, em ordem a torná-los efetivos, operantes e exeqüíveis, abstendo-se, em conseqüência, de cumprir o dever de prestação que a Constituição lhe impôs, incidirá em violação negativa do Texto Constitucional. Desse* non facere *ou* non praestare*, resultará a inconstitucionalidade por omissão, que pode ser total, quando é nenhuma a providência adotada, ou parcial, quando é insuficiente a medida efetivada pelo Poder Público.'*
>
> *(RTJ 162/877-879, Rel. Min. Celso de Mello).*

Vê-se, pois, que, na tipologia das situações inconstitucionais, inclui-se, também, aquela que deriva do descumprimento, por inércia estatal, de norma impositiva de determinado comportamento atribuído ao Poder Público pela própria Constituição.

Cumpre ter presente, bem por isso, a advertência de Jorge Miranda ("Manual de Direito Constitucional", tomo II/406 e 409, 2ª ed., 1988, Coimbra Editora), que, ao versar o tema, observa:

> *'Por omissão entende-se a falta de medidas legislativas necessárias, falta esta que pode ser total ou parcial. A violação da Constituição, na verdade, provém umas vezes da completa inércia do legislador e outras vezes da sua deficiente actividade, competindo ao órgão de fiscalização pronunciar-se sobre a adequação da norma legal à norma constitucional.*
>
> ....
>
> *A inconstitucionalidade por omissão não surge apenas por carência de medidas legislativas, surge também por deficiência delas.' (grifei).*

A omissão do Estado — que deixa de cumprir, em maior ou em menor extensão, a imposição ditada pelo Texto Constitucional — qualifica-se como comportamento revestido da maior gravidade político-jurídica, eis que, mediante inércia, o Poder Público também desrespeita a Constituição, também ofende direitos que nela se fundam e também impede, por ausência (ou insuficiência) de medidas concretizadoras, a própria aplicabilidade dos postulados e princípios da Lei Fundamental.

É por essa razão que J. J. Gomes Canotilho e Vital Moreira ("Fundamentos da Constituição", p. 46, item n. 2.3.4, 1991, Coimbra Editora), analisando a força normativa da Constituição — e assinalando que a eficácia preponderante e subordinante de suas cláusulas impede o reconhecimento de situações inconstitucionais —, acentuam, na perspectiva da inquestionável preeminência normativa da Carta Política, que:

'(...) tanto se viola a Lei fundamental quando as acções estaduais não estão em conformidade com as suas normas e princípios, como quando os preceitos constitucionais não são actuados, *dinamizados ou concretizados pelos órgãos que constitucionalmente estão vinculados a fornecerem-lhes operatividade prática.*

A Constituição impõe-se normativamente, não só quando há uma acção inconstitucional (fazer o que ela proíbe), mas também quando existe uma omissão inconstitucional (não fazer o que ela impõe que seja feito)' (grifei).

As situações configuradoras de omissão inconstitucional — ainda que se cuide de omissão parcial, derivada da insuficiente concretização, pelo Poder Público, do conteúdo material da norma impositiva fundada na Carta Política — refletem comportamento estatal que deve ser repelido, pois a inércia do Estado qualifica-se, perigosamente, como um dos processos informais de mudança da Constituição, expondo-se, por isso mesmo, à censura do magistério doutrinário (Anna Cândida da Cunha Ferraz, "Processos Informais de Mudança da Constituição", pp. 230/232, item n. 5, 1986, Max Limonad), verbis:

'A inércia caracteriza-se pela não aplicação intencional, provisória mas prolongada, das disposições constitucionais pelos poderes incumbidos de lhes dar cumprimento e execução.

Configura inegável processo de mudança constitucional; embora não altere a letra constitucional, altera-lhe o alcance, na medida em que paralisa a aplicação constitucional. Tal paralisação, não desejada ou prevista pelo constituinte, é de ser tida como inconstitucional.

Afeta, também, o sentido da Constituição.

Destinada esta à aplicação efetiva, qualquer obstáculo que se lhe anteponha desvirtua sua finalidade, resultando numa inconstitucionalidade (...). Por outro lado, indiretamente, a inércia dá causa à ocorrência de outros processos de mutação constitucional. O distanciamento, no tempo, entre a elaboração constitucional e a sua efetiva aplicação, sofre, inexoravelmente, a influência das transformações sociais diuturnas e constantes, de tal sorte que, após uma prolongada dilatação na aplicação do texto, é provável que esta, quando se efetivar, dê à Constituição sentido e significado diversos daqueles acolhidos no momento da formação da norma fundamental.

Como modalidade de mutação constitucional, a inércia é processo pernicioso, que acarreta conseqüências desastrosas à vida constitucional dos Estados.

De um lado, porque, ao contrário dos demais processos de mutação constitucional, raramente busca adaptar a Constituição à realidade. Na maioria das vezes, serve como instrumento exatamente para evitar tal adaptação.

De outro lado, porque a inércia arrasta consigo a descrença na Constituição' (grifei).

Dentro desse contexto, e com o objetivo de neutralizar os efeitos deformadores da vontade soberanamente manifestada pelo órgão exercente do poder constituinte, foi instituída a ação direta de inconstitucionalidade por omissão, vocacionada a preservar a supremacia da Carta Política e destinada, enquanto instrumento de controle abstrato, a impedir o desprestígio da própria Constituição, cabendo referir, no ponto, em face de sua inquestionável atualidade, o autorizado magistério de Pontes de Miranda ("Comentários à Constituição de 1967 com a Emenda n. 1, de 1969", tomo I/15-16, 2ª ed., 1970, RT), cuja lição contém grave advertência, que, por ninguém, pode ser ignorada:

'Nada mais perigoso do que fazer-se Constituição sem o propósito de cumpri-la. Ou de só se cumprir nos princípios de que se precisa, ou se entende

devam ser cumpridos — o que é pior (...). No momento, sob a Constituição que, bem ou mal, está feita, o que nos incumbe, a nós, dirigentes, juízes e intérpretes, é cumpri-la. Só assim saberemos a que serviu e a que não serviu, nem serve. Se a nada serviu em alguns pontos, que se emende, se reveja. Se em algum ponto a nada serve — que se corte nesse pedaço inútil. Se a algum bem público desserve, que pronto se elimine. Mas, sem na cumprir, nada saberemos. Nada sabendo, nada poderemos fazer que mereça crédito. Não a cumprir é estrangulá-la ao nascer' (grifei).

O sentido da preocupação do legislador constituinte, com a possível desconsideração de sua obra pelos poderes constituídos, foi bem realçado por Ritinha Stevenson ("Constituição de 1988: Legitimidade — Vigência e Eficácia — Supremacia", obra escrita em conjunto com Tércio Sampaio Ferraz Jr. e Maria Helena Diniz, p. 105, 1989, Atlas, SP), ilustre Magistrada federal na Seção Judiciária de São Paulo, que, em passagem referente à Constituição brasileira de 1988 e ao tema da normatização de sua supremacia, dispensou-lhe lúcida análise:

'A Constituição brasileira de 1988 foi prodigamente dotada de normas consagradoras de sua supremacia, o que não deixa de ser um sinal indicador da preocupação ou apreensão do constituinte (e dos cidadãos, indiretamente) com a possibilidade da sua desobediência, ou da desconsideração de tal supremacia pelos encarregados de lhe dar cumprimento.'

É preciso proclamar que as Constituições consubstanciam ordens normativas cuja eficácia, autoridade e valor não podem ser afetados ou inibidos pela voluntária inação ou por ação insuficiente das instituições estatais. Não se pode tolerar que os órgãos do Poder Público, descumprindo, por inércia e omissão, o dever de emanação normativa que lhes foi imposto, infrinjam, com esse comportamento negativo, a própria autoridade da Constitui-

ção e afetem, em conseqüência, o conteúdo eficacial dos preceitos que compõem a estrutura normativa da Lei Maior.

A inércia estatal em adimplir as imposições constitucionais traduz inaceitável gesto de desprezo pela autoridade da Constituição e configura, por isso mesmo, comportamento que deve ser evitado, pois nada mais nocivo, perigoso e ilegítimo do que elaborar uma Constituição, sem a vontade de fazê-la cumprir integralmente, ou, então, de apenas executá-la com o propósito subalterno de torná-la aplicável somente nos pontos que se revelarem convenientes aos desígnios dos governantes, em detrimento dos interesses maiores dos cidadãos.

O grande publicista do Império, José Antônio Pimenta Bueno, Marquês de São Vicente — que compôs a primeira turma acadêmica que se graduou na Faculdade de Direito do Largo de São Francisco (São Paulo) — teve, já no século XIX, a exata percepção da gravidade e das conseqüências lesivas, derivadas do gesto infiel do Poder Público que transgride, por omissão ou por insatisfatória concretização de seu dever político-jurídico, os encargos de que se tornou depositário, por efeito de expressa determinação constitucional.

Pimenta Bueno, em obra clássica de nossa literatura constitucional, publicada em 1857 ("Direito Público Brasileiro e Análise da Constituição do Império", p. 45, reedição do Ministério da Justiça, 1958), ao cuidar do tema referente ao desenvolvimento da Constituição e à realização dos compromissos nela estabelecidos, assim se pronunciou:

> *'Convém, e é justo contar sempre com a razão pública, desenvolver o sistema constitucional, não parar na inação, promover a confecção das leis, das instituições, dos melhoramentos necessários (...), isto é, deduzir as conseqüências lógicas das promessas constitucionais, para que não permaneçam só em letras mortas'* (grifei).

Também Anna Cândida da Cunha Ferraz ("Processos Informais de Mudança da Constituição", pp. 217/218, 1986, Max Limonad, S. Paulo), em precisa análise dos graves efeitos decorrentes da inércia do Estado, no plano constitucional, adverte:

> *'A Constituição, obra de um Poder mais alto, solenemente promulgada, destina-se a ser efetivamente observada, cumprida e aplicada (...). E, com efeito, se aceita a Constituição como obra de compromisso posta pelos constituintes no exercício do Poder Constituinte Originário, que lhes é conferido pelo povo, é de se esperar que a Constituição escrita seja aplicada plenamente, em especial pelos detentores dos poderes constituídos — Legislativo, Executivo e Judiciário — que, em regra, são titulados, pelo Constituinte, guardiães da Constituição'.*

Perfilha o mesmo entendimento, de repulsa à 'inatividade consciente na aplicação da Constituição' (Anna Cândida da Cunha Ferraz, op. loc. cit.), o ilustre Professor José Afonso da Silva, para quem não basta 'ter uma Constituição promulgada e formalmente vigente; impende atuá-la, completando-lhe a eficácia, para que seja totalmente cumprida' ("Aplicabilidade das Normas Constitucionais", p. 226, item n. 4, 3ª ed., 1998, Malheiros) (grifei).

O comportamento negativo dos poderes constituídos — que deixam de editar normas regulamentadoras do Texto Constitucional, previstas, em cláusula mandatória, na própria Constituição — torna inviável, numa típica e perversa relação de causa e efeito, o exercício de direitos, liberdades e prerrogativas assegurados, às pessoas, pelo estatuto fundamental.

O desprestígio da Constituição — por inércia de órgãos meramente constituídos — representa um dos mais graves aspectos da patologia constitucional, pois reflete inaceitável desprezo, por parte das instituições governamentais, da autoridade suprema da Lei Fundamental do Estado.

Essa constatação, feita por Karl Loewenstein ("Teoria de la Constitución", p. 222, 1983, Ariel, Barcelona), coloca em pauta o fenômeno da erosão da consciência constitucional, motivado pela instauração, no âmbito do Estado, de um preocupante processo de desvalorização funcional da Constituição escrita.

A hipótese versada nos presentes autos refere-se — como precedentemente enfatizado no parecer da douta Procuradoria-Geral da República — a uma alegação de típica situação de inconstitucionalidade por omissão parcial, eis que a União Federal, considerado o que dispõe o art. 21, XI, da Carta Política, cumpriu, de maneira insuficiente, o encargo que lhe foi imposto pela própria Constituição.

Daí o ajuizamento da presente ação direta de inconstitucionalidade, por omissão parcial, pois esse processo objetivo de controle abstrato permite, a esta Corte, quando for o caso, reconhecer o estado de inércia do Poder Público, hipótese em que caberá, ao Supremo Tribunal Federal, cientificar o legislador inadimplente, para que este adote as medidas necessárias à concretização plena da imposição constitucional.

Na realidade, o reconhecimento formal, em sede de ação direta, mediante decisão da Suprema Corte, de que o Poder Público incorreu em inadimplemento de obrigação fixada no texto da própria Constituição, somente autoriza o STF a dirigir-lhe mera comunicação, ainda que em caráter admonitório, para cientificá-lo de que se acha em mora constitucional, ressalvado o caráter mandamental dessa mesma decisão, quando se tratar, excepcionalmente, de órgão administrativo, hipótese em que este terá que cumprir a determinação da Corte, 'em trinta dias' (CF, art. 103, § 2º).

É inequívoco o sentido da norma inscrita no § 2º do art. 103 da Carta Política, que, ao assinalar a única e exclusiva providência a cargo desta Suprema Corte, assim dispõe: 'Declarada a inconstitucionalidade por omissão de medida para tornar efetiva norma constitucional, será dada ciência ao Poder competente para a adoção das providências necessárias e, em se tratando de órgão administrativo, para fazê-lo em trinta dias' (grifei).

Cumpre não desconhecer, neste ponto, a advertência de José Afonso da Silva ("Mandado de Injunção e Habeas Data*", p. 26, item 9, 1989, RT), cujo magistério, ao versar o controle concentrado de inconstitucionalidade por omissão, salienta:*

'A ação direta de inconstitucionalidade por omissão visa obter o reconhecimento de falta de medida para tornar efetiva norma constitucional, dando-se ciência ao Poder competente para adoção das providências necessárias e, em se tratando de órgão administrativo, para fazê-lo em trinta dias (art. 103, § 2º). Quer-se, com o reconhecimento da omissão inconstitucional, que o Poder omisso supra a omissão, expedindo a medida requerida para integrar a eficácia da norma constitucional, a fim de que se torne imediatamente aplicável. Mas a decisão judicial, no caso, se limitará a dar ciência ao Poder competente para as providências cabíveis. Não pode obrigar a produção da medida supridora da omissão, mormente se a medida requerida for lei. Esta é ato político, por excelência. Depende da vontade discricionária do legislador, a quem cabe decidir do seu conteúdo e do momento de sua produção. (grifei).

Mesmo em Portugal — para referir fonte histórica próxima —, em cujo estatuto fundamental o legislador constituinte brasileiro inspirou-se para conferir positividade à disciplina normativa do tema pertinente às omissões inconstitucionais, não são outros, senão os já assinalados, os efeitos derivados do reconhecimento formal da inércia estatal. Daí a observação de J. J. Gomes Canotilho ("Direito Constitucional", p. 833, 4ª ed., 1987, Almedina, Coimbra): 'A verificação de não cumprimento da Constituição, derivado de omissões legislativas inconstitucionais, obriga o Tribunal Constitucional a dar conhecimento da inconstitucionalidade por omissão ao órgão competente...' (grifei).

Vê-se, portanto, que o Supremo Tribunal Federal, em sede de controle abstrato, ao declarar a situação de in-

constitucionalidade por omissão, não poderá, em hipótese alguma, substituindo-se ao órgão estatal inadimplente, expedir provimentos normativos que atuem como sucedâneo da norma reclamada pela Constituição, mas não editada — ou editada de maneira incompleta — pelo Poder Público.

Não obstante as observações precedentes, feitas com o objetivo de analisar a questão da omissão estatal no adimplemento das imposições legiferantes definidas no texto da Constituição — omissão essa caracterizada por ausência ou por insuficiência de regulamentação normativa de cláusulas constitucionais mandatórias, que impõem, ao Poder Público, o dever de legislar —, não posso deixar de considerar, no caso ora em exame, a existência de situação juridicamente relevante, consistente na edição, em momento posterior ao do ajuizamento desta ação direta, da Lei n. 9.472/97, cuja superveniência motivou, por parte da douta Procuradoria-Geral da República, a suscitação de questão preliminar, fundada nas razões que assim foram expostas pelo eminente Chefe do Ministério Público Federal (fls. 77):

'Postulam os requerentes a declaração de mora inconstitucional por omissão parcial dos Poderes Executivo e Legislativo na regulamentação da criação do órgão regulador e da organização dos serviços de telecomunicações, tendo em vista que a Lei n. 9.295, promulgada em 19 de julho de 1996, não tratou das referidas matérias conforme condiciona o disposto no art. 21, inciso XI, da Constituição Federal.

Ocorre que embora o legislador estivesse em mora ao momento do ajuizamento da ação, veio a supri-la ao editar a Lei n. 9.472, de 16 de julho de 1997, que dispõe sobre a organização dos serviços de telecomunicações (Livro III), a criação e funcionamento de um órgão regulador (arts. 8º a 17, Livro II, Título I) e outros aspectos institucionais, nos termos da Emenda Constitucional n. 8/95, o que torna evidente o suprimento da omissão apontada pela inicial, de modo a ficar prejudicado o pedido' (grifei).

Cabe-me reconhecer que assiste plena razão ao eminente Procurador-Geral da República, quando propõe, em seu douto parecer, que a presente ação direta de inconstitucionalidade — considerada a superveniente edição da Lei n. 9.472/97 — 'seja julgada prejudicada' (fls. 78).

Com efeito, torna-se fácil constatar que assume relevo indiscutível a superveniente edição, pela União Federal, da Lei n. 9.472/97, pois, com a promulgação de tal diploma legislativo, realizou-se, de maneira efetiva, o adimplemento, por parte do Poder Público, de sua obrigação constitucional de legislar plenamente sobre o tema versado no art. 21, XI, da Constituição da República.

Conquanto se pudesse verificar a existência de inércia parcial do Poder Público, caracterizada pelo cumprimento insuficiente de algumas das exigências impostas pelo art. 21, XI, da Constituição da República, na redação que lhe deu a EC n. 8/95, o fato irrecusável é que as omissões normativas constantes da Lei n. 9.295/96 vieram a ser colmatadas pela superveniente edição da Lei n. 9.472/97, que, ao dispor sobre a organização dos serviços de telecomunicações, a criação e funcionamento de um órgão regulador e outros aspectos institucionais pertinentes, supriu as lacunas cuja ocorrência foi denunciada, na presente sede processual, pelas agremiações partidárias que promovem esta ação direta.

Isso significa, portanto, tal como enfatizado pelo eminente Procurador-Geral da República, que o estado de incompleta regulamentação legislativa da norma inscrita no art. 21, XI, da Constituição da República, na redação dada pela EC n. 8/95, resultou suprido por efeito da complementação normativa introduzida pela Lei n. 9.472/97.

Vê-se, desse modo, que, mais do que simples exortação — única medida autorizada pelo art. 103, § 2º da Constituição, que permite, ao Supremo Tribunal Federal, mediante apelo ao legislador, e ainda que em caráter admonitório, dar 'ciência ao Poder competente para a adoção das providências necessárias' — efetivou-se, no caso ora em exame, com a posterior promulgação da Lei n.

9.472/97, o adimplemento do dever constitucional de legislar, que se impunha, à União Federal, por efeito da determinação fundada no art. 21, XI, da Carta Política.

Consideradas as razões expostas, entendo que a edição da Lei n. 9.472/97 importou, efetivamente, em perda superveniente de objeto da presente ação direta, gerando, em conseqüência, a situação de prejudicialidade referida, com acerto, pelo eminente Procurador-Geral da República, em seu douto parecer.

A inviabilidade da presente ação direta, em decorrência da razão mencionada, impõe uma observação final: no desempenho dos poderes processuais de que dispõe, assiste, ao Ministro Relator, competência plena para exercer, monocraticamente, o controle das ações, pedidos ou recursos dirigidos ao Supremo Tribunal Federal, legitimando-se, em conseqüência, os atos decisórios que, nessa condição, venha a praticar.

Cabe acentuar, neste ponto, que o Pleno do Supremo Tribunal Federal reconheceu a inteira validade constitucional da norma legal que inclui, na esfera de atribuições do Relator, a competência para negar trânsito, em decisão monocrática, a recursos, pedidos ou ações, quando incabíveis, intempestivos, sem objeto ou que veiculem pretensão incompatível com a jurisprudência predominante do Tribunal (RTJ 139/53 — RTJ 168/174-175).

Impõe-se enfatizar, por necessário, que esse entendimento jurisprudencial é também aplicável aos processos de ação direta de inconstitucionalidade (ADI 563-DF, Rel. Min. Paulo Brossard — ADI 593-GO, Rel. Min. Marco Aurélio — ADI 2.060-RJ, Rel. Min. Celso de Mello — ADI 2.207-AL, Rel. Min. Celso de Mello — ADI 2.215-PE, Rel. Min. Celso de Mello, v.g.), eis que, tal como já assentou o Plenário do Supremo Tribunal Federal, o ordenamento positivo brasileiro 'não subtrai, ao Relator da causa, o poder de efetuar — enquanto responsável pela ordenação e direção do processo (RISTF, art. 21, I) — o controle prévio dos requisitos formais da fiscalização normativa abstrata, o que inclui, dentre outras atribuições, o exame dos pressupostos processuais e das condições da própria ação direta' (RTJ 139/67, Rel. Min. Celso de Mello).

Sendo assim, tendo em consideração as razões expostas, e acolhendo, ainda, como razão de decidir, o parecer da douta Procuradoria-Geral da República, julgo extinto este processo de controle abstrato de constitucionalidade, em virtude da perda superveniente de seu objeto.

Arquivem-se os presente autos.

Publique-se."[95]

D. Parcela autônoma de equivalência

No julgado adiante, de 15.10.2001, que é a ADIn 2.105-2-DF, o que se pretendeu questionar foi a validade jurídico-constitucional de Resolução Administrativa de Tribunal Regional do Trabalho, deferindo o pedido de inclusão da parcela autônoma de equivalência na base de cálculo da gratificação de representação dos magistrados.

Como, antes do seu julgamento, o C. TST proclamara a ilegalidade da Resolução em apreço, foi declarado, por seu Relator, Min. Celso de Mello, extinto o processo, por perda superveniente de objeto.

O decisório tem o seguinte teor, *verbis*:

"Trata-se de ação direta de inconstitucionalidade, ajuizada com o objetivo de questionar a validade jurídico-constitucional da Resolução Administrativa n. 150/99, do Tribunal Regional do Trabalho da 23ª Região, que 'Defere pedido de inclusão da parcela autônoma de equivalência na base de cálculo da representação' (fls. 7).

O Plenário do Supremo Tribunal Federal, ao deferir, com eficácia ex tunc, *o pedido de medida cautelar, proferiu decisão que restou consubstanciada em acórdão assim ementado (fls. 60/61):*

'Ação Direta de Inconstitucionalidade — Resolução administrativa de Tribunal Regional do Traba-

---

[95] ADIn 1.484-6-DF, de 21.8.2001 (Partido Democrático Trabalhista — PDT e Partido dos Trabalhadores — PT *vs.* Presidente da República e Congresso Nacional). Rel.: Min. Celso de Mello (DJ n. 154-E, Seção 1, de 28.8.2001, pp. 30-2).

lho — Caráter normativo — Incidência da verba de representação sobre a integralidade dos vencimentos (vencimento e parcela autônoma de equivalência) — Alegação de que esse ato importou em aumento de remuneração sem prévia autorização legislativa — Desrespeito aos princípios constitucionais da reserva de lei e da reserva de competência legislativa — Plausibilidade jurídica — Gravame ao erário público — Medida Cautelar deferida com eficácia ex tunc.

Remuneração judiciária e Princípio Constitucional da reserva de lei.

— Os Tribunais judiciários, em sede administrativa, não podem dispor sobre matéria que a Constituição da República submeteu, em caráter de exclusividade, ao domínio normativo da lei em sentido formal.

Qualquer resolução administrativa, emanada de órgão judiciário, que veicular, sem a prévia e necessária autorização legislativa, aumento de remuneração destinado a beneficiar a generalidade dos magistrados vinculados ao Tribunal que a editou, importará em desrespeito frontal ao princípio constitucional da reserva de lei.

— O princípio da reserva absoluta de lei representa diretriz fundamental, que, consagrada no texto da Constituição da República, submete, ao domínio formal da lei — e da lei, apenas —, o tratamento jurídico de determinada matéria, com exclusão de quaisquer outras fontes normativas.

A autoridade hierárquico-normativa da Constituição da República impõe-se a todos *os poderes do estado.*

— Nenhuma razão — nem mesmo a invocação do princípio do autogoverno da Magistratura — pode justificar o desrespeito à Constituição. Ninguém tem o direito de subordinar o Texto Constitucional à conveniência dos interesses de grupos, de corporações ou de classes, pois o desprezo pela Constituição faz

instaurar um perigoso estado de insegurança jurídica, além de subverter, de modo inaceitável, os parâmetros que devem reger a atuação legítima das autoridades constituídas.

A eficácia ex tunc *da medida cautelar* não *se presume, pois depende de expressa determinação constante da decisão que a defere, em sede de ação direta de inconstitucionalidade.*

— A medida cautelar, em ação direta de inconstitucionalidade, reveste-se, ordinariamente, de eficácia ex nunc, *'operando, portanto, a partir do momento em que o Supremo Tribunal Federal a defere' (RTJ 124/80). Excepcionalmente, no entanto, e para que não se frustrem os seus objetivos, a medida cautelar poderá projetar-se com eficácia* ex tunc, *em caráter retroativo, com repercussão sobre situações pretéritas (RTJ 138/86). Para que se outorgue eficácia* ex tunc *ao provimento cautelar, em sede de ação direta de inconstitucionalidade, impõe-se que o Supremo Tribunal Federal assim o determine, expressamente, na decisão que conceder essa medida extraordinária (RTJ 164/506-509, 508, Rel. Min. Celso de Mello).'*

Acentue-se, por oportuno, que, em 28 de setembro de 2000, o Egrégio Plenário do Tribunal Superior do Trabalho, ao julgar o Recurso em Matéria Administrativa n. TST-RMA-622.576/2000-3, declarou a ilegalidade da Resolução n. 150/99 (TRT/23ª Região), em acórdão que tem o seguinte teor (fls. 81):

'ACORDAM os Ministros do Egrégio Pleno do Tribunal Superior do Trabalho, por unanimidade, declarar a ilegalidade da Resolução Administrativa n. 150/99, originária do Tribunal Regional do Trabalho da 23ª Região e dar provimento ao recurso do Ministério Público, a fim de determinar que, para o cálculo da parcela representação mensal dos magistrados, seja considerado apenas o vencimento básico, excluída a parcela autônoma de equivalên-

cia, e, ainda, para que sejam devolvidos os valores porventura percebidos indevidamente a tal título' (grifei).

Isso significa, tal como enfatizado pelo eminente Procurador-Geral da República, 'que a norma impugnada não mais se encontra em vigor, por força de decisão administrativa tomada no âmbito do Tribunal Superior do Trabalho' (fls. 91 — grifei), circunstância esta que faz instaurar hipótese de prejudicialidade da presente ação direta.

Assiste plena razão ao eminente Chefe do Ministério Público da União. É que, em decorrência de decisão administrativa do TST, deixou de existir o próprio objeto de impugnação questionado nesta sede de controle concentrado de constitucionalidade, não mais se justificando, por isso mesmo, a subsistência deste processo de fiscalização abstrata.

A situação que vem de ser referida — cessação da vigência da Resolução n. 150/99 do TRT/23ª Região —, por se equiparar à revogação superveniente de diplomas legislativos ou de atos estatais impugnados em sede de ação direta, faz instaurar típica hipótese de prejudicialidade do processo de controle normativo abstrato (RTJ 153/13 — RTJ 154/396-397 — RTJ 154/401):

> *'— A cessação superveniente da eficácia da lei argüida de inconstitucional inibe o prosseguimento da ação direta de inconstitucionalidade (...).*
>
> *— A extinção anômala do processo de controle normativo abstrato, motivada pela perda superveniente de seu objeto, tanto pode decorrer da revogação pura e simples do ato estatal impugnado, como do exaurimento de sua eficácia, tal como sucede nas hipóteses de normas legais destinadas à vigência temporária.'*
>
> *(RTJ 152/731-732, Rel. Min. Celso de Mello).*

A inviabilidade da presente ação direta, em decorrência da razão mencionada, impõe uma observação final: no desempenho dos poderes processuais de que dispõe, assiste, ao Ministro Relator, competência plena para exercer, monocraticamente, o controle das ações, pedidos ou recursos dirigidos ao Supremo Tribunal Federal, legitimando-se, em conseqüência, os atos decisórios que, nessa condição, venha a praticar.

Cabe acentuar, neste ponto, que o Pleno do Supremo Tribunal Federal reconheceu a inteira validade constitucional da norma legal que inclui, na esfera de atribuições do Relator, a competência para negar trânsito, em decisão monocrática, a recursos, pedidos ou ações, quando incabíveis, intempestivos, sem objeto ou que veiculem pretensão incompatível com a jurisprudência predominante do Tribunal (RTJ 139/53 — RTJ 168/174-175).

Impõe-se enfatizar, por necessário, que esse entendimento jurisprudencial é também aplicável aos processos de ação direta de inconstitucionalidade (ADIn 563-DF, Rel. Min. Paulo Brossard — ADIn 593-GO, Rel. Min. Marco Aurélio — ADIn 2.060-RJ, Rel. Min. Celso de Mello — ADIn 2.207-AL, Rel. Min. Celso de Mello — ADIn 2.215-PE, Rel. Min. Celso de Mello, v.g.*), eis que, tal como já assentou o Plenário do Supremo Tribunal Federal, o ordenamento positivo brasileiro 'não subtrai, ao Relator da causa, o poder de efetuar — enquanto responsável pela ordenação e direção do processo (RISTF, art. 21, I) — o controle prévio dos requisitos formais da fiscalização normativa abstrata, o que inclui, dentre outras atribuições, o exame dos pressupostos processuais e das condições da própria ação direta' (RTJ 139/67, Rel. Min. Celso de Mello).*

Sendo assim, tendo em consideração as razões expostas, e acolhendo, ainda, como razão de decidir, o parecer da douta Procuradoria-Geral da República, julgo extinto este processo de controle abstrato de constitucionalidade, em virtude da perda superveniente de seu objeto, fazendo cessar, em conseqüência, a eficácia da medida cautelar anteriormente deferida (fls. 48/62).

Arquivem-se os presentes autos.

Publique-se."[96]

---

96 ADIn 2.105-2-DF, de 15.10.2001 (Procurador-Geral da República *vs.* Tribunal Regional do Trabalho da 23ª Região). Rel.: Min. Celso de Mello (DJ n. 192, Seção 1, de 23.10.2001, p. 33).

2. DIREITO À VIDA — HIV — PORTADOR DE AIDS — OBRIGAÇÃO DO ESTADO

Conquanto não se refira diretamente a Direito do Trabalho, o julgado a seguir cuida do direito à vida. Afinal, não há falar em trabalho se não houver vida. E, não há vida sem saúde. No AGRG-RE 273.834-4-RS, a 2ª Turma da Suprema Corte, em julgado da lavra do Min. Celso de Mello, de 31.10.2000, reconheceu não apenas o direito à saúde como indissociável do direito à vida, mas pela indispensabilidade da distribuição gratuita de medicamentos a pessoas enfermas carentes.

Pela sua alta repercussão social, transcreve-se, a seguir, o julgado, *verbis*:

"Paciente com HIV/AIDS — Pessoa destituída de recursos financeiros — Direito à vida e à saúde — Fornecimento gratuito de medicamentos — Dever constitucional do Poder Público (cf. arts. 5º, caput *e 196) — Precedentes (STF) — Recurso de agravo improvido.*

O direito à saúde *representa conseqüência constitucional indissociável do* direito à vida.

— O direito público subjetivo à saúde representa prerrogativa jurídica indisponível assegurada à generalidade das pessoas pela própria Constituição da República (art. 196). Traduz bem jurídico constitucionalmente tutelado, por cuja integridade deve velar, de maneira responsável, o Poder Público, a quem incumbe formular — e implementar — políticas sociais e econômicas idôneas que visem a garantir, aos cidadãos, inclusive àqueles portadores do vírus HIV, o acesso universal e igualitário à assistência farmacêutica e médico-hospitalar.

— O direito à saúde — além de qualificar-se como direito fundamental que assiste a todas as pessoas — representa conseqüência constitucional indissociável do direito à vida. O Poder Público, qualquer que seja a esfera institucional de sua atuação no plano da organização federativa brasileira, não pode mostrar-se indiferente ao problema da saúde da população, sob pena de incidir, ainda que por censurável omissão, em grave comportamento inconstitucional.

A interpretação *da norma programática* não pode *transformá-la em promessa constitucional* inconseqüente.

— O caráter programático da regra inscrita no art. 196 da Carta Política — que tem por destinatários todos os entes políticos que compõem, no plano institucional, a organização federativa do Estado brasileiro — não pode converter-se em promessa constitucional inconseqüente, sob pena de o Poder Público, fraudando justas expectativas nele depositadas pela coletividade, substituir, de maneira ilegítima, o cumprimento de seu impostergável dever, por um gesto irresponsável de infidelidade governamental ao que determina a própria Lei Fundamental do Estado.

Distribuição gratuita de medicamentos a pessoas carentes.

— O reconhecimento judicial da validade jurídica de programas de distribuição gratuita de medicamentos a pessoas carentes, inclusive àquelas portadoras do vírus HIV/AIDS, dá efetividade a preceitos fundamentais da Constituição da República (arts. 5º, caput *e 196) e representa, na concreção do seu alcance, um gesto reverente e solidário de apreço à vida e à saúde das pessoas, especialmente daquelas que nada têm e nada possuem, a não ser a consciência de sua própria humanidade e de sua essencial dignidade. Precedentes do STF."* [97]

---

[97] AGRG-RE 273.834-4-RS, de 31.10.2000 (Município de Porto Alegre *vs.* Cristiane Carneiro Bortolaz. Interessado: Estado do Rio Grande do Sul). Rel.: Min. Celso de Mello (DJ n. 24-E, Seção 1, de 2.2.2001, p. 137).

3. *HABEAS DATA*

O *habeas data* foi mecanismo introduzido no Direito brasileiro pela Constituição de 1988, em seu art. 5º, LXXII, visando a possibilitar à pessoa o conhecimento de registros que existam a seu respeito.

O *decisum* a seguir, que é o RE 165.304-3-MG, de 19.10.2000, da lavra do Min. Octavio Gallotti, cuida do tema nos seguintes termos:

> "Habeas Data.
>
> *Ilegitimidade passiva do Banco do Brasil S.A para a revelação, a ex-empregada, do conteúdo da ficha de pessoal, por não se tratar, no caso, de registro de caráter público, nem atuar o impetrado na condição de entidade Governamental (Constituição, art. 5º, LXXII, a e art. 173, § 1º, texto original)."*[98]

---

[98] RE 165.304-3-MG, de 19.10.2000 (Banco do Brasil S/A *vs.* Joanice Amaral Botelho). Rel.: Min. Octávio Gallotti (DJ n. 241-E, Seção 1, de 15.12.2000, p. 105).

4. POUPANÇA — INCIDÊNCIA DO IPC DE MARÇO DE 90

O tema a seguir, tratado no RE 206.048-8-RS, em acórdão da lavra do Min. Nelson Jobim, de 15.8.2001, trata da incidência do IPC de março de 1990 nos depósitos em caderneta de poupança, reconhecendo a constitucionalidade da Medida Provisória n. 168, de 15.3.1990, convertida na Lei n. 8.024/90.

Tem o seguinte teor a informação a respeito:

> *"Concluindo o julgamento de recurso extraordinário interposto contra o Banco Central do Brasil (v. Informativos 118 e 227), o Tribunal, por maioria, afastou a alegada inconstitucionalidade da Medida Provisória n. 168, de 15.3.90 (Plano Collor), posteriormente convertida na Lei n. 8.024/90, no ponto em que fixou o BTN Fiscal como índice de correção monetária aplicável às cadernetas de poupança com data-base posterior ao dia 16.3.90 (anteriormente obtido pelo IPC). O Tribunal entendeu constitucional o § 2º do art. 6º da Lei n. 8.024/90 ['As quantias mencionadas no parágrafo anterior serão atualizadas monetariamente pela variação do BTN fiscal, verificada entre a data do próximo crédito de rendimentos e a data da conversão acrescidas de juros equivalentes a 6% (seis por cento) ao ano ou fração pro rata.'], por entender que os cruzados novos bloqueados passaram a constituir uma nova conta individualizada no Banco Central, de natureza diferente da conta de poupança de origem, não ocorrendo, portanto, a alegada ofensa aos princípios da isonomia e do direito adquirido. Vencido o Min. Marco Aurélio, que reconhecia o direito à correção monetária dos cruzados novos bloqueados pelo IPC do mês de março de 1990*

(84,32%) e declarava inconstitucional a mencionada norma por ofensa ao princípio da isonomia por terem as cadernetas de poupança recebido tratamento diverso em função de sua data-base."[99]

A ementa do acórdão é a seguinte:

"Constitucional. Direito Econômico. Caderneta de poupança. Correção Monetária. Incidência de Plano Econômico (Plano Collor). Cisão da caderneta de poupança (MP 168/90). Parte do depósito foi mantido na conta de poupança junto à instituição financeira, disponível e atualizável pelo IPC. Outra parte — excedente de NCz$ 50.000,00 — constituiu-se em uma conta individualizada junto ao BACEN, com liberação a iniciar-se em 15 de agosto de 1991 e atualizável pelo BTN Fiscal. A MP n. 168/90 observou os princípios da isonomia e do direito adquirido. Recurso não conhecido."[100]

---

[99] Informativo n. 237, de 17.8.2001, p. 1. [RE 206.048-8-RS, de 15.8.2001 (Lisara Pianco Suné *vs.* Banco Central do Brasil e Estado do Rio Grande do Sul (Sucessor da Caixa Econômica Estadual)]. Rel. Acórdão: Min. Nelson Jobim (DJ n. 22, Seção 1, de 1º.2.2002, p. 106).

[100] V. nota anterior.

5. PRESIDENTE DE TRT — INELEGIBILIDADE — REELEIÇÃO — INOCORRÊNCIA

A Min. Ellen Gracie, relatora do MS 23.912-3-RJ, indeferiu, a 19.3.2001, o pedido de liminar, mandando que fossem supridas diversas deficiências no *mandamus* que pretendia inviabilizar a eleição de Presidente de Tribunal Regional do Trabalho ao argumento de que já havia sido anteriormente eleito, para completar mandato do dirigente anterior, aposentado compulsoriamente.

O despacho tem o seguinte teor:

"1 — Trata-se de mandado de segurança impetrado por magistrada classista do Tribunal Regional do Trabalho da 1ª Região, contra ato do Presidente do mesmo Tribunal que, nessa qualidade, presidiu a eleição para o preenchimento dos cargos de direção daquela Corte para o biênio 2001/2003.

Alega a impetrante que a juíza eleita para a Presidência, Ana Maria Passos Cossermelli, diante do que dispõe o art. 102 da Lei Complementar n. 35/79 (LOMAN), é inelegível, tendo em vista ter sido eleita, em 27 de março de 2000, para complementar, até 18 de março de 2001, o mandato do então Presidente Iralton Benigno Cavalcanti, aposentado compulsoriamente.

Aduz, também, que de sua eleição participaram juízes não efetivos, contrariando o referido dispositivo legal.

Requer liminar para impedir a posse da mencionada juíza, designada para o dia 19 de março de 2001 ou, caso já tenha ocorrido, que seja tornada sem efeito.

É o breve relatório. Decido.

2. Dá-se mandado de segurança para proteger direito líquido e certo, vale dizer demonstrável de plano e documentalmente.

Desde logo, verifico que a procuração outorgada pela impetrante ao advogado que subscreve a inicial tem por objeto a propositura de ação penal. Viciada a representação, tal circunstância bastaria para justificar o indeferimento do pedido. Mas, há mais. O legitimado passivo do mandamus *que objetiva desconstituir a eleição de dirigentes de Tribunal, há de ser o respectivo plenário, que é representado por sua Presidência. O articulado inicial, originalmente, apontou como autoridade coatora a Juíza Cossermelli. Posteriormente, o* writ *foi aditado, para redirecionar-se ao plenário. A corrigenda, todavia, deu-se via fax, sem que o original tenha sido juntado até o presente momento. Além disso é de ver que os documentos que acompanham a inicial são inservíveis. Foram juntadas peças que aparentam ser atas de sessões do plenário do TRT/1ª e que teriam se realizado em 27 de março de 2000 e 6 de abril de 2000. Tais cópias xerox a par de não reproduzirem a íntegra das atas, não apresentam assinaturas, nem vieram autenticadas. Dizem respeito, ademais — admitindo-se que sejam verdadeiras — a sessões de eleição e posse para o mandato-tampão que se está a encerrar, não para o próximo, que é objeto da impugnação. A impetrante pretende fazer demonstração de que a Juíza Cossermelli foi reeleita mediante recortes de jornais e outras publicações, dos quais não se extrai a informação de que tenham participado da votação juízes não efetivos. Esse dado somente vem referido em declaração (também por cópia sem autenticação) de um dos suplentes. A toda evidência, esse conjunto de papéis não constitui documentação passível de ser considerada para os efeitos pretendidos, levando a duvidar da seriedade da impetração. É preciso ter em consideração que a impetrante, como membro do tribunal, dispõe de toda a facilidade na obtenção de registros oficiais que pudessem dar a suas alegações o substrato necessário para que o pedido fosse examinado liminarmente. Prazo hábil para tanto também não lhe faltou, pois a eleição foi realizada em dezembro último.*

3. Por todas essas razões, indefiro *a liminar. Assino à impetrante prazo de cinco dias para suprir as deficiências supra referidas, pena de arquivamento.*

Publique-se."[101]

[101] Mandado de Segurança n. 23.912-3-RJ, de 19.3.2001 (Maria Estela Fonseca Chaves Grieleber *vs.* Presidente do Tribunal Regional do Trabalho da Primeira Região). Rel.: Min. Ellen Gracie (DJ n. 57-E, Seção 1, de 22.3.2001, p. 4).

ÍNDICE GERAL

PARTE IV — SERVIÇO PÚBLICO

PARTE V — PREVIDÊNCIA SOCIAL

ÍNDICE DOS JULGADOS PUBLICADOS NA COLETÂNEA

N. do Julgado	Volume	Página
AC 9.690-SP	1	41
AC 9.696-3-SP	1	40
ACO 533-9-PI	2	23
ADIn 1.404-8-SC	4	167
ADIn 1.458-DF	1	19
ADIn 1.480-DF	2	59
ADIn 1.480-3-DF	5	15
ADIn 1.484-6-DF	5	170
ADIn 1.662-7-DF	5	75
ADIn 1.675-1-DF	1	29
ADIn 1.721-3-DF	1	46
ADIn 1.721-3-DF	2	31
ADIn 1.749-5-DF	4	163
ADIn 1.753-2-DF	2	165
ADIn 1.770-4-DF	2	31
ADIn 1.797-0-PE	4	148
ADIn 1.849-0-DF	3	125
ADIn 1.878-0-DF	2	34
ADIn 1.880-4-DF	2	90
ADIn 1.912-3-RJ	3	35
ADIn 1.953-8-ES	4	59
ADIn 1.967-8-DF	4	163
ADIn 1.971-6-SP	5	163
ADIn 2.024-2-DF	4	164
ADIn 2.098-6-AL	5	127
ADIn 2.105-2-DF	4	146
ADIn 2.105-2-DF	5	187
ADIn 2.107-9-DF	5	127
ADIn 2.160-5-DF	4	105
ADIn 2.180-0-SP	5	163

N. do Julgado	Volume	Página
ER-RE 190.384-8-GO	4	35
ED-RE 194.707-1-RO	3	86
HC 80.198-6-PA	4	78
IF 607-2-GO	2	115
MI 20-4-DF	1	86
MI 347-SC	1	85
MS 21.143-1-BA	2	93
MS 22.498-3-BA	2	34
MS 23.671-0-PE	4	80
MS 23.912-3-RJ	5	197
MSMC 21.101-DF	1	38
RE 109.085-9-DF	3	127
RE 109.450-8-RJ	3	75
RE 117.670-9-PB	2	160
RE 118.267-PR	1	76
RE 126.237-1-DF	4	110
RE 131.032-4-DF	1	80
RE 134.329-0-DF	3	82
RE 141.376-0-RJ	5	93
RE 144.984-5-SC	2	111
RE 146.361-9-SP	3	76
RE 146.822	1	52
RE 150.455-2-MS	3	104
RE 157.057-1-PE	3	81
RE 157.428-3-RS	3	29
RE 158.448-3-MG	2	164
RE 159.288	1	52
RE 165.304-3-MG	5	194
RE 172.293-2-RJ	2	92
RE 175.892-9-DF	4	132
RE 176.639-5-SP	1	68
RE 181.124-2-SP	2	163
RE 182.543-0-SP	1	62
RE 183.883-3-DF	3	24
RE 183.884-1-SP	3	115
RE 185.441-3-SC	1	17
RE 187.229-2-PA	3	114
RE 187.955-6-SP	3	114
RE 189.960-3-SP	5	44
RE 190.384-8-GO	4	36

ÍNDICE TEMÁTICO

Volumes I, II, III, IV e V

(o primeiro número corresponde ao volume e o segundo à página inicial do julgado)